Time Hacking für Entrepreneure

QuickStart Guide zur Verdoppelung Ihrer Produktivität und für ein ausgeglichenes Leben mit bewährten und praktischen Zeitmanagement-Strategien

von: Alex Bradley

© Copyright Silver Valley Publishing 2024 - Alle Rechte vorbehalten.

Der Inhalt dieses Buches darf ohne direkte schriftliche Genehmigung des Autors oder des Herausgebers nicht reproduziert, vervielfältigt oder übertragen werden.

Unter keinen Umständen kann der Herausgeber oder der Autor für Schäden, Wiedergutmachung oder finanzielle Verluste aufgrund der in diesem Buch enthaltenen Informationen haftbar gemacht werden. Weder direkt noch indirekt. Sie sind für Ihre eigenen Entscheidungen, Handlungen und Ergebnisse verantwortlich.

Rechtlicher Hinweis:

Dieses Buch ist urheberrechtlich geschützt. Dieses Buch ist nur für den persönlichen Gebrauch bestimmt. Sie dürfen den Inhalt dieses Buches ohne die Zustimmung des Autors oder Herausgebers nicht verändern, verteilen, verkaufen, verwenden, zitieren oder paraphrasieren.

Hinweis zum Haftungsausschluss:

Bitte beachten Sie, dass die in diesem Dokument enthaltenen Informationen nur für Bildungs- und Unterhaltungszwecke bestimmt sind. Es wurden alle Anstrengungen unternommen, um genaue, aktuelle, zuverlässige und vollständige Informationen zu präsentieren. Es werden keine Garantien jeglicher Art erklärt oder impliziert. Der Leser erkennt an, dass der Autor keine rechtliche, finanzielle, medizinische oder professionelle Beratung anbietet. Der Inhalt dieses Buches wurde aus verschiedenen Quellen entnommen. Bitte konsultieren Sie einen zugelassenen Fachmann, bevor Sie die in diesem Buch beschriebenen Techniken ausprobieren.

Mit der Lektüre dieses Dokuments erklärt sich der Leser damit einverstanden, dass der Autor unter keinen Umständen für direkte oder indirekte Verluste verantwortlich ist, die durch die Nutzung der in diesem Dokument enthaltenen Informationen entstehen, einschließlich, aber nicht beschränkt auf - Fehler, Auslassungen oder Ungenauigkeiten.

"Zeit ist wertvoller als Geld. Du kannst mehr Geld bekommen, aber du kannst nicht mehr Zeit bekommen." - Jim Rohn

Inhaltsübersicht

Einführung 11
    Was weiß ich darüber? 12
    Eine Reise, die es wert ist, unternommen zu werden 12

Kapitel 1: Die Zeitmanagement-Krise 14
    Das Problem verstehen 14
    Symptome für schlechtes Zeitmanagement 14
    Folgen für das Geschäfts- und Privatleben 15
    Die Wende der Flut 15
    Eine solide Grundlage schaffen 16

Kapitel 2: Das Fundament legen 17
    Ziele und Prioritäten 17
    SMART-Ziele setzen 17
    Geeignete Ziele festlegen 18
    Annäherung an SMART-Ziele 19
    Die Eisenhower-Matrix 20
    Die ABCDE-Methode 21
    Die MoSCoW-Methode 22
    Bauen Sie Ihr Fundament 22

Kapitel 3: Tagesplanung 24
    Die Macht der Planung 24
    Morgenrituale 24
    Umgang mit Unterbrechungen 25
    Überprüfen und Anpassen 25
    Momentum aufbauen 26

Kapitel 4: Zeitblockierung meistern 27

Was ist Zeitblockierung? 27

Vorteile der Zeitsperrung.. 27

Erste Schritte mit Time Blocking 28

Beispiel: Zeitblockierung 29

Tools und Anwendungen verwenden 30

Überprüfung von Time-Blocking-Tools 30

Tipps für effektives Time Blocking................................... 30

Herausforderungen meistern.. 32

Fortgeschrittene Zeitblockierungstechniken 32

Kapitel 5: Delegieren und Outsourcing beherrschen........... 34

Die Bedeutung des Delegierens.. 34

Identifizierung der zu delegierenden Aufgaben............... 34

Beispiel: Delegation in Aktion.. 35

Die richtigen Leute finden 35

Wirksame Kommunikation... 36

Befähigung Ihres Teams 37

Technologie für das Outsourcing nutzbar machen 38

Überwindung von Delegationsherausforderungen 38

Kontinuierliche Verbesserung 39

Kapitel 6: Einsatz von Technologie und Tools 43

Die Rolle der Technologie für die Produktivität 43

Automatisieren von Routineaufgaben............................. 43

Beispiel: Automatisierung in Aktion 44

Verbesserung von Kommunikation und Zusammenarbeit
.... 44

Rückblick: Projektmanagement-Tools 45

Daten und Analytik 46

Produktivitäts-Apps 47

Cybersecurity 47

Einführung neuer Technologien 48

Kapitel 7: Work-Life-Balance erreichen 50

Die Bedeutung der Work-Life-Balance 50

Die Anzeichen eines Ungleichgewichts erkennen 50

Grenzen setzen 51

Selbstfürsorge als Priorität 52

Effektives Zeitmanagement 53

Umfassende Flexibilität 54

Vereinbarkeit von Familie und Beruf 54

Psychische Gesundheit bewahren 55

Kapitel 8: Überwindung der Prokrastination 57

Prokrastination verstehen 57

Warum wir prokrastinieren 57

Techniken zur Überwindung der Prokrastination 58

Beispiel: Aufschlüsselung einer Aufgabe 59

Motiviert bleiben 60

Langfristige Strategien 60

Beispiel: Mit Verantwortlichkeit die Prokrastination überwinden 61

Kapitel 9: Fortgeschrittene Zeitmanagementtechniken 62

Das Pareto-Prinzip (80/20-Regel) 62

Anwendung des Pareto-Prinzips 62

Beispiel: Maximierung der Wirkung mit dem Pareto-Prinzip 63

Die Pomodoro-Technik 63
Wie man die Pomodoro-Technik anwendet 63
Beispiel: Die Pomodoro-Technik 64
Zeitblockierung für tiefgreifende Arbeit 64
Implementierung von Deep Work Zeitblöcken 64
Die Zwei-Minuten-Regel 65
Batching ähnlicher Aufgaben 65
Beispiele für die Aufgabenzuordnung 65
Die 1-3-5-Regel 65
Einsatz von Technologie zur Verbesserung des Zeitmanagements 66
Kontinuierliche Verbesserung 66
Beispiel: Kontinuierliche Verbesserung des Zeitmanagements 67

Kapitel 10: Messen und Anpassen Ihres Ansatzes 68
Verfolgung des Fortschritts 68
Werkzeuge zur Zeiterfassung 68
Erstellen eines Zeitprotokolls 69
Bewertung der Produktivität 69
Beispiel: Zeiterfassung 70
Anpassen Ihres Ansatzes 70
Regelmäßige Bewertungen 71
Beispiel: Regelmäßige Überprüfungen 71
Umfassende Flexibilität 72
Beispiel: Flexibilität im Zeitmanagement 72

Kapitel 11: Langfristige Zeitmanagement-Strategien 73
Aufbau produktiver Gewohnheiten 73

Schritte zum Aufbau produktiver Gewohnheiten 73
Beispiel: Aufbau einer Lesegewohnheit 74
Eine positive Denkweise beibehalten 74
Beispiel: Eine positive Denkweise beibehalten 75
Kontinuierliche Verbesserung 75
Beispiel: Kontinuierliche Verbesserung 76
Konzentration auf Aktivitäten mit hohem Wert 76
Beispiel: Fokussierung auf Aktivitäten mit hohem Wert .77
Arbeit und Leben in Einklang bringen 77
Beispiel: Vereinbarkeit von Arbeit und Leben 78
Umfassende Flexibilität 78
Beispiel: Umfassende Flexibilität 79

Schlussfolgerung 80
Die Reise des Zeitmanagements 80
Praktische Schritte zur Umsetzung des Gelernten 80
Der Marathon des Zeitmanagements 82
Abschließende Überlegungen 82

Dankeschön 83

Anhang: Ressourcen und Referenzen 84
Referenzen 84
Tools und Anwendungen 84
Vorlagen und Arbeitsblätter 85

Über den Autor 97

Einführung

Zeit ist die einzige wirklich endliche Ressource. Als Unternehmer trifft Sie diese Tatsache härter als ein dreifacher Espresso am Montagmorgen. Wenn Sie Meetings jonglieren, Teams managen und versuchen, einen Moment zum Durchatmen zu finden, kann es sich so anfühlen, als würde Ihnen die Zeit durch die Finger gleiten. Dieses Buch ist nicht nur ein theoretischer Leitfaden, sondern Ihr praktisches Werkzeug, um Ihr Leben zurückzuerobern und die Kunst des Zeitmanagements zu meistern.

Warum sollte eine Mutter von Zwillingen, die auf dem Lande lebt, ein Buch über unternehmerisches Zeitmanagement schreiben? Meine Reise hat mich von Long Island nach San Francisco und von den Büros eines Unternehmens zu den Feldern einer Farm geführt. Die Herausforderungen, die ich auf diesem Weg bewältigt habe, spiegeln die Herausforderungen wider, mit denen viele von Ihnen konfrontiert sind. Ich habe Unternehmen aufgebaut und gleichzeitig das Chaos des Familienlebens und die Anforderungen des Unternehmertums gemeistert. Mein Ziel ist es, praktische Strategien zu vermitteln, die in der realen Welt funktionieren - sei es in einem Hochhausbüro oder in Ihrem Heimbüro, das vielleicht auch als Spielzimmer dient, wenn Sie so sind wie ich.

Am Ende dieses Buches verfügen Sie über ein umfassendes Instrumentarium, mit dem Sie Ihre

Produktivität verdoppeln und sich mehr Zeit für das nehmen können, was wirklich wichtig ist. Stellen Sie sich vor, Sie beenden Ihren Arbeitstag mit dem Wissen, dass Sie alles auf Ihrer Aufgabenliste erledigt haben, und haben trotzdem noch Zeit, mit Ihrer Familie zu Abend zu essen oder Ihrem Lieblingshobby zu frönen. Das ist kein Hirngespinst, sondern mit den richtigen Strategien und der richtigen Einstellung durchaus machbar.

Wir werden uns mit einer Vielzahl von Themen befassen, darunter Tagesplanung, Zeitblockierung, die Pomodoro-Technik und das Pareto-Prinzip. Außerdem erhalten Sie im Anhang Zugang zu Arbeitsblättern, die Sie bei der Erreichung Ihrer Zeitmanagementziele unterstützen. Sie erhalten Einblicke in das Erkennen und Beseitigen von Ablenkungen, das effektive Delegieren von Aufgaben und die Nutzung von Technologien zur Steigerung der Produktivität. Unabhängig davon, ob Sie bereits über umfangreiche Erfahrungen als Unternehmer verfügen oder gerade erst anfangen, wird Ihnen das vermittelte Wissen dabei helfen, Ihre Zeit zu maximieren und Ihre Effizienz zu steigern.

Was weiß ich darüber?

Da ich auf einem Bauernhof aufgewachsen bin, habe ich schon früh gelernt, wie wichtig harte Arbeit ist. Aber als ich in die Unternehmenswelt eintrat, wurde mir die Bedeutung von intelligenter Arbeit erst richtig bewusst. Mit fortgeschrittenen Wirtschaftsabschlüssen in der Tasche und mehr als einem Jahrzehnt unternehmerischer Erfahrung habe ich die Höhen und Tiefen des Unternehmensaufbaus gemeistert und gleichzeitig das Familienleben unter einen Hut gebracht. Meine Reisen, einschließlich der Zeiträume, in denen ich mit meiner Familie in Vollzeit unterwegs war, haben mir eine einzigartige Perspektive für das Zeitmanagement in unterschiedlichen Umgebungen, Kulturen und sogar Zeitzonen eröffnet.

Wenn ich nicht gerade schreibe oder mein Geschäft führe, finde ich mich bei der Gartenarbeit, jage meinen Zwillingen hinterher oder genieße einen ruhigen Moment mit einem guten Buch. Diese Art zu leben und zu arbeiten hat mich die Bedeutung von Einfachheit und Achtsamkeit gelehrt, Lektionen, die in dieses Buch eingewoben sind.

Eine Reise, die es wert ist, unternommen zu werden

Sich auf den Weg zu machen, seine Zeit zu beherrschen, ist eine der lohnendsten Unternehmungen, die man unternehmen kann. Es geht um mehr als nur das Abhaken von Aufgaben auf einer Liste; es geht darum, Ihr Leben zurückzuerobern und sich Zeit für das zu nehmen, was wirklich wichtig ist. Lassen Sie uns diese Reise gemeinsam antreten und Ihnen das Wissen und die Werkzeuge an die Hand geben, mit denen Sie Ihr Zeitmanagement und letztlich auch Ihr Leben verändern können.

Lassen Sie uns nun in das Herzstück des Zeitmanagements eintauchen und damit beginnen, die Krise zu verstehen, die viele Unternehmer plagt.

Kapitel 1: Die Zeitmanagement-Krise

Das Problem verstehen

Zeitmanagement ist eine universelle Herausforderung, die Unternehmer aller Art heimsucht. Stellen Sie sich vor, Sie beginnen Ihren Tag mit den besten Vorsätzen, werden dann aber von einer Lawine von E-Mails, spontanen Meetings und unvorhergesehenen Krisen überrollt. Wenn sich der Staub gelegt hat, ist es bereits Abend, und Ihre Aufgabenliste scheint länger zu sein als zu Beginn. Kommt Ihnen das bekannt vor? Da sind Sie nicht allein.

Viele Unternehmer sind täglich mit genau diesem Szenario konfrontiert, was zu Stress, Burnout und dem ständigen Gefühl führt, hinterherzuhinken. Das Problem ist nicht ein Mangel an Anstrengung, sondern oft ein Mangel an Strategie. Ohne einen soliden Plan können selbst die entschlossensten Unternehmer in einem Kreislauf von Geschäftigkeit ohne Produktivität gefangen sein.

Symptome für schlechtes Zeitmanagement

Der erste Schritt zur Verbesserung ist das Erkennen der Anzeichen für ein schlechtes Zeitmanagement. Hier sind einige häufige Symptome:

Ständig werden Fristen versäumt: Wenn sich Fristen eher wie Vorschläge als wie Vorgaben anfühlen, ist das ein klares Zeichen dafür, dass Ihr Zeitmanagement überarbeitet werden muss.

Sie fühlen sich überfordert: Die nicht enden wollende To-Do-Liste kann dazu führen, dass man das Gefühl hat, in den Aufgaben zu ertrinken.

Mangelnde Konzentration: Häufige Ablenkungen und die Unfähigkeit, sich auf eine einzige Aufgabe zu konzentrieren, können die Produktivität erheblich beeinträchtigen.

Aufschieberitis: Das Aufschieben wichtiger Aufgaben zugunsten weniger kritischer Aktivitäten ist ein wichtiges Warnsignal.

Burnout: Chronischer Stress und Erschöpfung sind Anzeichen dafür, dass man sich zu sehr verausgabt.

Auswirkungen auf das Geschäfts- und Privatleben

Die Auswirkungen eines schlechten Zeitmanagements können verheerend sein. Für Ihr Unternehmen kann das bedeuten, dass Sie Chancen verpassen, die Effizienz sinkt und Sie unter dem Strich weniger verdienen. Projekte geraten in Verzug, Kunden werden unzufrieden, und die Qualität Ihrer Arbeit leidet. Auf persönlicher Ebene können die Folgen sogar noch gravierender sein. Stress und Burnout können zu gesundheitlichen Problemen, angespannten Beziehungen und einer verminderten Lebensqualität führen.

Bei einem effektiven Zeitmanagement geht es nicht nur darum, mehr Aufgaben in den Tag zu quetschen, sondern auch darum, sich Zeit für das zu nehmen, was wirklich wichtig ist. Wenn Sie die Kontrolle über Ihre Zeit übernehmen, können Sie Ihr Berufs- und Privatleben besser in Einklang bringen, was zu mehr Zufriedenheit und Erfolg in beiden Bereichen führt.

Den Lauf der Dinge ändern

Die gute Nachricht ist, dass schlechtes Zeitmanagement keine lebenslange Strafe ist. Mit den richtigen Strategien und Werkzeugen können Sie die Kontrolle über Ihre Zeit zurückgewinnen und Ihren Tagesablauf umgestalten. In den folgenden Kapiteln lernen Sie Techniken kennen, die Ihnen helfen, die Grundlage für ein effektives Zeitmanagement zu schaffen - von der Festlegung klarer Ziele und Prioritäten bis hin zur Bewältigung der täglichen Produktivität.

Aufbau eines soliden Fundaments

Bevor wir uns mit spezifischen Strategien befassen, müssen wir die Grundlagen verstehen. Die Kunst, Ziele zu setzen und Prioritäten zu setzen, bildet das Fundament jeder erfolgreichen Zeitmanagementstrategie. Selbst die effizientesten

Planungsinstrumente können nur mit klaren Zielen und Prioritäten erfolgreich sein.

Kapitel 2: Festlegung der Grundlagen

Ziele und Prioritäten

Sich Ziele zu setzen ist wie die Festlegung eines Kurses für Ihr Schiff; ohne sie treiben Sie ziellos umher, ganz gleich, wie günstig der Wind weht. Als Unternehmer lenken klare Ziele Ihre Bemühungen und helfen, Ihre Fortschritte zu messen. Sie geben die Richtung vor, motivieren Sie, Herausforderungen zu meistern, und geben Ihnen ein Gefühl der Erfüllung, wenn Sie sie erreicht haben.

Stellen Sie sich vor, Sie beginnen jeden Tag mit einer klaren Vorstellung von Ihren Zielen. Sie arbeiten proaktiv auf Ihre Ziele hin, anstatt nur auf alles zu reagieren, was auf Sie zukommt. Diese veränderte Denkweise kann Ihre Produktivität verändern und Ihre Effizienz erheblich steigern.

Sobald Sie Ihre Ziele festgelegt haben, besteht der nächste wichtige Schritt darin, sie nach Prioritäten zu ordnen. Nicht alle Aufgaben sind gleich; einige haben einen viel größeren Einfluss auf Ihren Erfolg als andere. Eine effektive Prioritätensetzung stellt sicher, dass Sie

Ihre Zeit und Energie auf das konzentrieren, was wirklich wichtig ist.

Festlegung von SMART-Zielen

Das Setzen von Zielen ist wichtig, aber das Setzen von SMART-Zielen stellt sicher, dass sie effektiv sind. SMARTe Ziele sind:

- **Spezifisch**: Definieren Sie klar und deutlich, was Sie erreichen wollen. Vermeiden Sie vage Ziele. Ein konkretes Ziel beantwortet die Frage: Wer ist daran beteiligt? Was will ich erreichen? Wo wird es stattfinden? Warum ist dieses Ziel wichtig?

- **Messbar**: Legen Sie Kriterien zur Messung der Fortschritte fest. Ein quantifizierbares Ziel beantwortet Fragen wie: Wie viel? Wie viele? Wie werde ich wissen, wann es erreicht ist?

- **Erreichbar**: Vergewissern Sie sich, dass Ihr Ziel realistisch und realisierbar ist. Es sollte Sie herausfordern, aber möglich bleiben. Fragen Sie sich selbst: Wie kann ich dieses Ziel erreichen? Welche Ressourcen und Fähigkeiten benötige ich?

- **Relevant**: Ihr Ziel sollte für Sie von Bedeutung sein und mit anderen relevanten Zielen übereinstimmen. Es sollte lohnenswert sein und zu Ihren anderen Bemühungen und langfristigen Plänen passen. Fragen Sie: Ist dieses Ziel für meine Gesamtziele relevant?

- **Zeitgebunden**: Legen Sie eine Frist für Ihr Ziel fest. Ein zeitgebundenes Ziel gibt Antworten: Wann? Was kann ich in sechs Wochen tun? Was kann ich in sechs Monaten tun? Was kann ich heute tun?

Geeignete Ziele festlegen

Um die geeigneten Ziele zu bestimmen, sollten Sie die folgenden Schritte beachten:

1. **Denken Sie über Ihre Vision und Ihr Ziel nach**: Beginnen Sie mit Ihrer langfristigen Vision. Was wollen Sie letztendlich in Ihrem Unternehmen und in Ihrem Privatleben erreichen? Wenn Sie Ihren Zweck verstehen, können Sie sich sinnvolle Ziele setzen.

2. **Führen Sie eine SWOT-Analyse durch**: Ermitteln Sie Ihre Stärken, Schwächen, Chancen und Bedrohungen. Diese Analyse hilft Ihnen zu verstehen, wo Sie derzeit stehen und welche Bereiche verbessert oder genutzt werden müssen.

3. **Langfristige Ziele aufgliedern**: Sobald Sie Ihre langfristige Vision haben, unterteilen Sie sie in kleinere, umsetzbare Ziele. Nehmen wir zum Beispiel an, Ihr langfristiges Ziel ist es, Ihr Unternehmen international auszubauen. In diesem Fall könnte ein kurzfristiges Ziel die Erkundung potenzieller Märkte sein.

4. **Ziele mit Werten und Prioritäten in Einklang bringen**: Stellen Sie sicher, dass Ihre

Ziele mit Ihren Grundwerten und Prioritäten übereinstimmen. Diese Übereinstimmung sorgt dafür, dass Sie motiviert und konzentriert bleiben.

5. **Holen Sie Feedback ein**: Besprechen Sie Ihre Ziele mit Mentoren, Gleichaltrigen oder vertrauenswürdigen Beratern. Sie können Ihnen wertvolle Einblicke geben und Ihnen helfen, Ihre Ziele zu verfeinern, um sie erreichbarer und relevanter zu machen.

Annäherung an SMART-Ziele

Sobald Sie Ihre SMART-Ziele festgelegt haben, gehen Sie sie methodisch an:

1. **Erstellen Sie einen Aktionsplan**: Unterteilen Sie jedes Ziel in kleinere Aufgaben und erstellen Sie einen detaillierten Aktionsplan. Legen Sie fest, was, von wem und bis wann getan werden muss. Dieser Plan wird Ihnen als Fahrplan dienen.

2. **Setzen Sie Meilensteine**: Legen Sie Etappenziele fest, um Ihre Fortschritte zu verfolgen. Meilensteine sind kleinere Kontrollpunkte innerhalb der Zeitachse Ihres Ziels, die Ihnen helfen, auf dem richtigen Weg zu bleiben und bei Bedarf Anpassungen vorzunehmen.

3. **Ressourcen zuteilen**: Bestimmen Sie die Ressourcen, die Sie zum Erreichen Ihrer Ziele benötigen. Dazu können Zeit, Geld, Werkzeuge

oder Fähigkeiten gehören. Stellen Sie sicher, dass Sie diese Ressourcen haben oder erwerben können.

4. **Verantwortlich bleiben**: Teilen Sie Ihre Ziele mit jemandem, der Sie zur Rechenschaft ziehen kann, z. B. mit einem Mentor oder einem Partner. Regelmäßige Rückmeldungen können Ihre Motivation und Konzentration aufrechterhalten.

5. **Fortschritte überwachen**: Verwenden Sie Tools wie Zeiterfassungs-Apps, Fortschrittstabellen oder Tagebücher, um Ihren Fortschritt zu überwachen. Überprüfen Sie Ihre Fortschritte regelmäßig und passen Sie Ihren Aktionsplan bei Bedarf an.

6. **Errungenschaften feiern**: Feiern Sie Ihre Meilensteine und Erfolge, egal wie klein sie auch sein mögen. Diese Anerkennung stärkt die Moral und motiviert Sie, weiter an Ihren Zielen zu arbeiten.

Die Eisenhower-Matrix

Die Eisenhower-Matrix, auch bekannt als Dringend-Wichtig-Matrix, ist ein leistungsfähiges Instrument zur Priorisierung von Aufgaben. Sie kategorisiert Aufgaben in vier Quadranten:

Dringend und wichtig: Aufgaben, die sofortige Aufmerksamkeit erfordern und zu Ihren langfristigen Zielen beitragen. Dies sind Ihre obersten Prioritäten.

Wichtig, aber nicht dringlich: Aufgaben, die für den langfristigen Erfolg entscheidend sind, aber keine sofortigen Maßnahmen erfordern. Planen Sie diese Aufgaben.

Dringend, aber nicht wichtig: Aufgaben, die sofortige Aufmerksamkeit erfordern, aber nicht wesentlich zu Ihren Zielen beitragen. Delegieren Sie diese Aufgaben nach Möglichkeit.

Nicht dringend und nicht wichtig: Aufgaben, die wenig bis gar keinen Wert haben. Eliminieren oder minimieren Sie diese Aufgaben.

Die Eisenhower-Matrix hilft Ihnen, bewusste Entscheidungen darüber zu treffen, wo Sie Ihre Zeit investieren, und stellt sicher, dass Sie an Aufgaben arbeiten, die mit Ihren Zielen übereinstimmen.

Die ABCDE-Methode

Die ABCDE-Methode, die von Brian Tracy entwickelt wurde, ist ein einfaches Verfahren zur Priorisierung von Aufgaben. Dabei werden die Aufgaben in fünf Prioritätsstufen eingeteilt:

A: Aufgaben, die heute erledigt werden müssen. Diese haben für Sie höchste Priorität.

B: Aufgaben, die heute erledigt werden sollten. Wichtig, aber nicht so kritisch wie A-Aufgaben.

C: Aufgaben, die man heute gerne erledigen würde, die aber keine Konsequenzen haben, wenn sie nicht erledigt werden.

D: Aufgaben, die an eine andere Person delegiert werden können.

E: Aufgaben, die gänzlich entfallen können.

Indem Sie Ihre Aufgaben täglich in Kategorien einteilen, stellen Sie sicher, dass die Aufgaben mit der höchsten Priorität zuerst erledigt werden. Im Gegensatz dazu lenken Aufgaben mit niedrigerer Priorität Sie nicht von den wichtigen Dingen ab.

Die MoSCoW-Methode

Die MoSCoW-Methode ist eine weitere effektive Priorisierungstechnik, die häufig im Projektmanagement eingesetzt wird. Sie kategorisiert Aufgaben in vier Gruppen:

Muss man haben: Wesentliche Aufgaben, die für Ihren Erfolg ausschlaggebend sind.

Sollte haben: Wichtige Aufgaben, die enthalten sein sollten.

Könnte haben: Aufgaben, die wünschenswert, aber optional sind.

Wird nicht haben: Aufgaben, die keine Priorität haben und aufgeschoben oder ignoriert werden können.

Diese Methode eignet sich gut für große Projekte und hilft Ihnen, sich auf das Wesentliche zu konzentrieren und eine Ausweitung des Projektumfangs zu vermeiden. Durch die Kategorisierung von Aufgaben in "Muss", "Sollte", "Könnte" und "Wird nicht" können Sie effektiv Prioritäten setzen und sicherstellen, dass Sie immer an den wichtigsten Aufgaben arbeiten.

Bauen Sie Ihr Fundament

Die Festlegung klarer Ziele und Prioritäten ist der Kompass für ein effektives Zeitmanagement. Sie können erhebliche Fortschritte erzielen, wenn Sie sich darüber klar werden, was wirklich wichtig ist, und Ihre Bemühungen auf diese Bereiche konzentrieren. Diese grundlegende Arbeit schafft die Voraussetzungen für die täglichen Planungs- und Produktivitätstechniken, die wir als Nächstes erforschen werden und die Sie zu Ihren langfristigen Zielen führen.

Wenn Sie diese Grundlagen schaffen, sind Sie gut gerüstet, um sich in der komplexen Welt des Unternehmertums zurechtzufinden und sicherzustellen, dass Sie Ihre Zeit und Energie so effektiv wie möglich einsetzen.

Kapitel 3: Tagesplanung

Die Macht der Planung

Ein gut strukturierter Tag beginnt mit einem soliden Plan. Die Tagesplanung ist die Brücke zwischen Ihren langfristigen Zielen und Ihrem täglichen Handeln. Sie hilft Ihnen, sich zu konzentrieren, Ablenkungen zu vermeiden und Ihre Ziele kontinuierlich zu erreichen. Das Wichtigste ist, dass Sie jeden Tag mit einer klaren Vorstellung davon beginnen, was Sie erreichen wollen.

Morgen-Rituale

Morgenrituale geben den Ton für den Rest des Tages an. Erfolgreiche Unternehmer haben oft eine Reihe von Gewohnheiten, die sie jeden Morgen befolgen, um sich auf die Produktivität vorzubereiten. Hier sind einige Elemente, die Sie in Ihre Morgenroutine einbauen könnten:

Meditation oder Achtsamkeit: Nehmen Sie sich ein paar Minuten Zeit, um in Ruhe nachzudenken, Ihren Geist zu klären und Ihre Absichten zu formulieren.

Sport treiben: Körperliche Aktivität steigert Ihr Energieniveau und verbessert die geistige Klarheit.

Tagebuch führen: Schreiben Sie Ihre Ziele, Ihre Dankbarkeit und Ihre Gedanken auf, um Ihren Geist zu fokussieren.

Überprüfen Sie Ihren Plan: Gehen Sie Ihren Tagesplan durch, um Ihren Tag zu visualisieren und sicherzustellen, dass Sie auf die anstehenden Aufgaben vorbereitet sind.

Wenn Sie Ihren Tag mit einer Absicht beginnen, entsteht eine positive Dynamik, die Sie durch Ihre Aufgaben trägt.

Umgang mit Unterbrechungen

Unterbrechungen sind unvermeidlich, aber wie Sie mit ihnen umgehen, kann Ihre Produktivität erheblich beeinflussen. Hier sind einige Strategien für den Umgang mit Unterbrechungen:

Setzen Sie Grenzen: Lassen Sie andere wissen, wann Sie verfügbar sind und wann nicht. Verwenden Sie Signale wie geschlossene Türen oder "Bitte nicht stören"-Schilder, um zu signalisieren, dass Sie ungestörte Zeit brauchen.

Planen Sie die Kommunikation: Legen Sie bestimmte Zeiten für die Überprüfung und Beantwortung von E-Mails, Nachrichten und Anrufen fest. Dies verhindert ständige Unterbrechungen und ermöglicht es Ihnen, sich auf Ihre Aufgaben zu konzentrieren.

Technologie nutzen: Tools wie Kopfhörer mit Geräuschunterdrückung oder Konzentrations-Apps können helfen, Ablenkungen zu minimieren und die Konzentration aufrechtzuerhalten.

Überprüfen und Anpassen

Nehmen Sie sich am Ende eines jeden Tages ein paar Minuten Zeit, um Ihre Fortschritte zu überprüfen. Überlegen Sie, was gut gelaufen ist und was verbessert werden könnte. Passen Sie auf der Grundlage dieser Erkenntnisse Ihren Plan für den nächsten Tag an. Dieser kontinuierliche Verbesserungsprozess hilft Ihnen, Ihren Ansatz zu verfeinern und effektiver zu werden.

Momentum aufbauen

Die Einführung einer konsequenten täglichen Planungsroutine und der Einsatz von Zeitblockierungstechniken können Ihrer Produktivität einen starken Impuls verleihen. Wenn Sie Ihren wichtigsten Aufgaben eine bestimmte Zeit widmen und Unterbrechungen minimieren, können Sie in kürzerer Zeit mehr erreichen.

Kapitel 4: Zeitblockierung meistern

Was ist Zeitblockierung?

Time Blocking ist eine Technik des Zeitmanagements, bei der Sie Ihren Tag in verschiedene Zeitblöcke einteilen, die jeweils einer bestimmten Aufgabe oder Aktivität gewidmet sind. Im Gegensatz zu einer einfachen To-Do-Liste sorgt die Zeitblockierung dafür, dass Sie jeder Aufgabe ein bestimmtes Zeitfenster zuweisen, was die Wahrscheinlichkeit von Multitasking verringert und Ihnen hilft, konzentriert zu bleiben.

Vorteile von Time Blocking

Time Blocking bietet zahlreiche Vorteile, die Ihre Produktivität und Ihre Work-Life-Balance deutlich verbessern. Sie verbessert die Konzentration, indem sie Ablenkungen minimiert, und verbessert die Organisation, indem sie Ihren Tag effizient strukturiert.

Diese Methode verringert die Prokrastination durch einen klaren Zeitplan und erhöht die Produktivität, indem sie es Ihnen ermöglicht, Aufgaben effizienter zu erledigen. Darüber hinaus fördert die Zeitblockierung ein gesünderes Gleichgewicht zwischen Arbeit und Privatleben, indem sie sowohl Zeit für die Arbeit als auch für persönliche Aktivitäten vorsieht.

Erste Schritte mit Time Blocking

Die Einführung von Zeitsperren in Ihren Tagesablauf erfordert etwas Planung und Disziplin. Die folgende Schritt-für-Schritt-Anleitung soll Ihnen den Einstieg erleichtern:

1. **Bestimmen Sie Ihre Prioritäten**: Beginnen Sie damit, Ihre obersten Prioritäten für den Tag, die Woche oder den Monat festzulegen, wobei Sie sowohl arbeitsbezogene Aufgaben als auch persönliche Aktivitäten berücksichtigen. Erstellen Sie eine Liste aller Aufgaben, die erledigt werden müssen, und ordnen Sie sie nach ihrer Wichtigkeit und Dringlichkeit.

2. **Schätzen Sie den Zeitbedarf**: Schätzen Sie die Zeit, die Sie für jede Aufgabe auf Ihrer Liste benötigen. Seien Sie realistisch, um Ihren Zeitplan nicht zu überfrachten. Es ist besser, mehr Zeit einzuplanen, als zu unterschätzen und sich gehetzt zu fühlen.

3. **Erstellen Sie Zeitblöcke**: Teilen Sie Ihren Tag in Zeitblöcke ein und weisen Sie jedem Block Aufgaben zu, einschließlich Zeit für Pausen, Mahlzeiten und andere notwendige Aktivitäten. Hier ist ein Beispiel, wie Sie Ihren Tag strukturieren könnten:

    - **Morgenroutine (7:00 - 8:00 Uhr)**: Bewegung, Frühstück und Körperpflege.

- **Arbeitsblock 1 (8:00 - 10:00 Uhr)**: Beantwortung von E-Mails und Planung der Aufgaben für den Tag.

- **Arbeitsblock 2 (10:00 - 12:00 Uhr)**: Konzentrierte Arbeit an einem Projekt mit hoher Priorität.

- **Mittagspause (12:00 - 13:00 Uhr)**: Mittagessen und ein kurzer Spaziergang.

- **Arbeitsblock 3 (13:00 - 15:00 Uhr)**: Besprechungen oder Zusammenarbeit mit Teammitgliedern.

- **Arbeitsblock 4 (15:00 - 17:00 Uhr)**: Fortsetzung der Arbeit an Projekten oder Aufgaben.

- **Abendroutine (17:00 - 19:00 Uhr)**: Familienzeit und Abendessen.

- **Persönliche Zeit (7:00 PM - 9:00 PM)**: Hobbys, Entspannung oder Freizeitaktivitäten.

- **Abschalten (21:00 - 22:00 Uhr)**: Vorbereitung auf das Bett, Lesen oder Meditation.

Im Anhang finden Sie einen Tagesplaner und eine Vorlage für die Zeiteinteilung. Nutzen Sie diese, um für sich selbst Beispielpläne zu erstellen und zu sehen, wie sie sich auf Ihren Tagesablauf auswirken.

Beispiel: Zeitblockierung

Nehmen wir Emily, eine freiberufliche Grafikdesignerin. Sie hatte Mühe, mehrere Projekte unter einen Hut zu bringen und arbeitete oft bis spät in die Nacht. Durch die Einführung von Zeitsperren legte sie bestimmte Zeiten für Kundenarbeit, Verwaltungsaufgaben und persönliche Projekte fest. Diese Struktur verbesserte ihre Produktivität und ermöglichte es ihr, ihre Abende ohne Stress zu genießen.

Verwendung von Tools und Apps

Verschiedene Tools und Apps können Ihnen helfen, die Zeiteinteilung effektiver zu gestalten. Beliebte Optionen sind Google Calendar für die Planung und Erinnerung, Trello für die Organisation von Aufgaben und Projekten, Notion für die Erstellung von Zeitplänen und die Verfolgung des Fortschritts und RescueTime für die Verfolgung der Zeitverwendung und die Identifizierung von Bereichen mit Verbesserungspotenzial.

Überprüfung von Zeitsperrwerkzeugen

- **Google Kalender**: Ideal für Terminplanung und Erinnerungen. Er lässt sich mit anderen Google-Diensten integrieren und bietet einfachen Zugriff über verschiedene Geräte.

- **Trello**: Perfekt für die Organisation von Aufgaben und Projekten. Die visuellen Tafeln und Listen helfen Ihnen, den Überblick über die Aufgaben in jedem Zeitblock zu behalten.

- **Notion**: Ein vielseitiges Tool zum Erstellen von Zeitplänen, Aufgabenlisten und zur Fortschrittskontrolle. Es kombiniert Funktionen für Notizen und Projektmanagement.

- **RescueTime**: Verfolgt, wie Sie Ihre Zeit verbringen, und bietet Einblicke in die Produktivität. Es hilft, zeitraubende Aktivitäten zu erkennen und die Konzentration zu verbessern.

Tipps für eine wirksame Zeitblockierung

Beachten Sie diese Tipps, um das Beste aus der Zeitsperre herauszuholen:

1. **Beginnen Sie mit einer Morgenroutine**: Beginnen Sie Ihren Tag mit einer konsequenten Morgenroutine, um eine positive Grundstimmung für den Rest des Tages zu schaffen. Fügen Sie Aktivitäten hinzu, die Ihnen Energie geben, wie z. B. Sport, Meditation oder ein gesundes Frühstück.

2. **Priorisieren Sie tiefgreifende Arbeit**: Planen Sie Zeitblöcke für intensive Arbeit ein, in denen Sie sich ohne Unterbrechungen auf komplexe, wichtige Aufgaben konzentrieren. In der Regel sind Sie dann am wachsten und produktivsten.

3. **Ähnliche Aufgaben stapeln**: Gruppieren und erledigen Sie ähnliche Aufgaben in einem einzigen Zeitblock. Legen Sie z. B. einen Block für administrative Aufgaben wie die

Beantwortung von E-Mails und einen anderen Block für kreative Arbeiten fest.

4. **Machen Sie regelmäßig Pausen**: Planen Sie regelmäßige Pausen zwischen den Zeitblöcken ein, um sich auszuruhen und neue Energie zu tanken. Kurze Pausen können einem Burnout vorbeugen und die Produktivität während des Tages aufrechterhalten.

5. **Seien Sie flexibel**: Es ist zwar wichtig, dass Sie Ihren Zeitplan einhalten, aber seien Sie flexibel und passen Sie ihn bei Bedarf an. Unerwartete Ereignisse können eintreten, und es ist wichtig, sich anzupassen, ohne sich gestresst oder überfordert zu fühlen.

6. **Überprüfen und anpassen**: Überprüfen Sie Ihre Zeitblöcke und bewerten Sie Ihre Produktivität am Ende eines jeden Tages oder einer Woche. Ermitteln Sie verbesserungswürdige Bereiche und nehmen Sie die notwendigen Anpassungen vor, um Ihren Zeitplan zu optimieren.

Überwindung von Herausforderungen

Das Blockieren von Zeit kann eine Herausforderung sein, besonders zu Beginn. Hier sind einige häufige Hindernisse und wie man sie überwinden kann:

1. **Unterbrechungen und Ablenkungen**: Setzen Sie klare Grenzen und teilen Sie anderen Ihren Zeitplan mit. Verwenden Sie Hilfsmittel wie Kopfhörer mit Geräuschunterdrückung oder

einen ruhigen Arbeitsbereich, um Ablenkungen zu reduzieren.

2. **Überengagement**: Vermeiden Sie es, Ihren Zeitplan mit zu vielen Aufgaben zu überfrachten. Konzentrieren Sie sich auf die wirklich wichtigen und realistischen Aufgaben, die Sie innerhalb Ihrer Zeitblöcke erledigen können.

3. **Aufschieberitis**: Bekämpfen Sie die Prokrastination, indem Sie Aufgaben in kleinere, überschaubare Schritte unterteilen. Verwenden Sie Zeitblöcke, um ein Gefühl der Dringlichkeit und Motivation zu schaffen, Dinge zu erledigen.

Fortgeschrittene Zeitblockierungstechniken

1. **Task Chunking**: Fassen Sie zusammengehörige Aufgaben zusammen, um die Effizienz zu maximieren. Erledigen Sie zum Beispiel alle Ihre Telefonanrufe in einem einzigen Zeitblock.

2. **Thematische Tage**: Weisen Sie den verschiedenen Tagen der Woche bestimmte Themen zu. Widmen Sie zum Beispiel den Montag den Besprechungen und den Freitag der Planung und Überprüfung.

3. **Energie-Management**: Planen Sie Aufgaben basierend auf Ihrem täglichen Energielevel. Erledigen Sie energiereiche Aufgaben, wenn Sie sich am wachsten fühlen, und sparen Sie energiearme Aufgaben, wenn Sie sich weniger energiegeladen fühlen.

Time Blocking, eine transformative Technik, kann Ihr Zeitmanagement revolutionieren und Ihre Produktivität steigern. Sie können eine harmonische Work-Life-Balance erreichen, indem Sie Aufgaben nach Prioritäten ordnen, Ihren Zeitplan strukturieren und Ihre Anpassungsfähigkeit erhalten. Machen Sie sich die Kraft des Zeitblockierens zu eigen und erleben Sie einen Produktivitätsschub und einen Rückgang des Stressniveaus, was zu einem erfüllteren Privatleben führt.

Kapitel 5: Delegieren und Outsourcing meistern

Die Bedeutung der Delegation

Eine der größten Hürden, mit denen Unternehmer konfrontiert sind, ist die Neigung, alles selbst zu erledigen. Diese "Do-it-all"-Mentalität kann zu Erschöpfung führen und die Expansion des Unternehmens behindern. Delegieren ist eine wichtige Fähigkeit, die es Ihnen ermöglicht, sich auf wichtige Aufgaben zu konzentrieren und die Stärken und das Fachwissen anderer zu nutzen. Wenn Sie das Delegieren beherrschen, können Sie wertvolle Zeit und Energie freisetzen, um Ihr Unternehmen voranzubringen und gleichzeitig die Fallstricke eines Burnouts und eines gebremsten Wachstums zu vermeiden.

Beim effektiven Delegieren geht es nicht nur um die Übertragung von Aufgaben, sondern auch um die Übertragung von Verantwortung an andere, um die Produktivität und Effizienz zu maximieren. Indem Sie die Fähigkeiten und das Fachwissen Ihres Teams oder externer Partner nutzen, können Sie mehr erreichen und sich gleichzeitig auf strategische Initiativen konzentrieren, die nur Sie bewältigen können.

Identifizierung der zu delegierenden Aufgaben

Der erste und entscheidende Schritt bei der effektiven Delegation besteht darin, zu erkennen, welche Aufgaben an andere weitergegeben werden können. Dieser Prozess ist der Grundstein für eine erfolgreiche Delegation und legt den Grundstein für den Rest des Weges. Betrachten Sie die folgenden Kategorien:

- **Sich wiederholende Aufgaben**: Routineaufgaben, die keine besonderen Fähigkeiten oder Entscheidungskompetenzen erfordern. Beispiele hierfür sind Dateneingabe, Planung von Besprechungen und Routineberichte.

- **Spezialisierte Aufgaben**: Aufgaben, die Fachwissen erfordern, das über Ihre Fähigkeiten hinausgeht, z. B. Buchhaltung, juristische Arbeit, Grafikdesign oder IT-Support. Diese Aufgaben werden oft besser von Spezialisten erledigt.

- **Zeitraubende Aufgaben**: Aufgaben, die einen erheblichen Teil Ihrer Zeit in Anspruch nehmen, aber von jemand anderem effizienter erledigt werden könnten. Zum Beispiel Social Media Management, Kundensupport oder administrative Aufgaben.

- **Aufgaben mit geringem Wert**: Tätigkeiten, die nicht direkt zu Ihren Kernzielen oder zum Wachstum Ihres Unternehmens beitragen. Dazu gehören das Organisieren von Akten, routinemäßige Wartungsarbeiten oder kleinere Botengänge.

Beispiel : Delegation in Aktion

Nehmen wir Jane, die Inhaberin eines wachsenden E-Commerce-Unternehmens. Sie war mit Kundendienstanfragen und der Verwaltung des Lagerbestands überfordert, so dass ihr nur wenig Zeit für strategische Planung und Marketing blieb. Indem sie den Kundenservice an eine virtuelle Assistentin delegierte und die Bestandsverwaltung an einen Fulfillment-Service auslagerte, konnte sich Jane auf das Wachstum ihres Unternehmens konzentrieren, was innerhalb von sechs Monaten zu einer Umsatzsteigerung von 30 % führte.

Die richtigen Leute finden

Eine erfolgreiche Delegation hängt davon ab, dass Sie die richtigen Leute finden, die die Aufgaben übernehmen, die Sie weitergeben. Unabhängig davon, ob Sie Vollzeitmitarbeiter, Auftragnehmer oder Freiberufler einstellen, suchen Sie nach Personen mit den erforderlichen Fähigkeiten und einer starken Arbeitsmoral. Im Folgenden finden Sie einige Tipps für die Suche und Prüfung von Kandidaten:

1. **Definieren Sie klare Stellenbeschreibungen**: Machen Sie genaue Angaben zu den erforderlichen Aufgaben, Zuständigkeiten und Fähigkeiten. Eine detaillierte Stellenbeschreibung hilft dabei, geeignete Bewerber zu finden, und setzt klare Erwartungen.

2. **Nutzen Sie seriöse Plattformen**: Websites wie Upwork, Freelancer und LinkedIn können Ihnen helfen, qualifizierte Freiberufler und

Auftragnehmer zu finden. Für Festanstellungen sollten Sie Stellenbörsen und Personalvermittlungsagenturen in Betracht ziehen.

3. **Führen Sie gründliche Interviews**: Stellen Sie detaillierte Fragen zu ihrer Erfahrung, ihrem Arbeitsstil und ihrer Art, mit Herausforderungen umzugehen. Fragen zum Verhalten im Vorstellungsgespräch können Aufschluss über die Problemlösungsfähigkeiten und die kulturelle Eignung geben.

4. **Prüfen Sie Referenzen**: Sprechen Sie mit früheren Arbeitgebern oder Kunden, um ihre Zuverlässigkeit und Arbeitsqualität zu beurteilen. Dieser Schritt kann wichtige Informationen über ihre Leistung und Arbeitsmoral liefern.

Wirksame Kommunikation

Eine klare und effektive Kommunikation ist für eine erfolgreiche Delegation unerlässlich. Achten Sie bei der Zuweisung von Aufgaben darauf, dass Sie diese bereitstellen:

1. **Detaillierte Anweisungen**: Erläutern Sie, was zu tun ist, das gewünschte Ergebnis und alle spezifischen Anforderungen oder Einschränkungen. Die Angabe des Kontextes hilft sicherzustellen, dass die Aufgabe richtig verstanden wird.

2. **Fristen**: Legen Sie für jede Aufgabe klare Fristen fest und sorgen Sie dafür, dass sie eingehalten werden. Seien Sie realistisch, was die

Fristen angeht, und planen Sie Pufferzeiten für Überarbeitungen oder unvorhergesehene Verzögerungen ein.

3. **Rückmeldung**: Geben Sie konstruktives Feedback, damit sich die Person verbessern und Ihre Erwartungen besser verstehen kann. Regelmäßige Feedbackgespräche können eine kontinuierliche Verbesserung und berufliches Wachstum fördern.

4. **Unterstützung**: Stehen Sie zur Verfügung, um Fragen zu beantworten und bei Bedarf Hilfestellung zu leisten. Regelmäßige Rückmeldungen können Missverständnissen vorbeugen und sicherstellen, dass die Aufgaben auf dem richtigen Weg sind.

Befähigung Ihres Teams

Beim Delegieren geht es nicht nur um die Übertragung von Aufgaben, sondern auch darum, Ihr Team zu befähigen, Verantwortung zu übernehmen. Hier sind einige Möglichkeiten, um das Gefühl der Eigenverantwortung zu fördern:

1. **Vertrauen**: Zeigen Sie, dass Sie ihren Fähigkeiten und ihrem Urteilsvermögen vertrauen. Vermeiden Sie Mikromanagement und geben Sie ihnen die Autonomie, Aufgaben auf ihre Weise zu erledigen.

2. **Ermutigung**: Erkennen Sie ihre Leistungen an und feiern Sie sie. Positive Bestärkung kann die Moral und die Produktivität steigern.

3. **Möglichkeiten für Wachstum**: Bieten Sie Möglichkeiten zur beruflichen Entwicklung und zum Ausbau von Fähigkeiten. Diese Investition in ihr Wachstum kann zu besserer Leistung und Loyalität führen.

Technologie für das Outsourcing nutzbar machen

Im heutigen digitalen Zeitalter macht die Technologie das Outsourcing einfacher als je zuvor. Tools und Plattformen wie Asana, Trello, Slack und Zoom erleichtern die nahtlose Zusammenarbeit mit externen Teams. Hier finden Sie einige Möglichkeiten, wie Sie die Technologie für ein effektives Outsourcing nutzen können:

1. **Projektmanagement-Software**: Verwenden Sie Tools wie Asana oder Trello, um Aufgaben zuzuweisen, Fristen zu setzen und den Fortschritt zu verfolgen. Diese Plattformen bieten einen Einblick in die Projektzeitpläne und helfen, die Verantwortlichkeit sicherzustellen.

2. **Kommunikationswerkzeuge**: Plattformen wie Slack und Zoom ermöglichen Kommunikation und Zusammenarbeit in Echtzeit. Regelmäßige virtuelle Meetings und Chat-Kanäle können dafür sorgen, dass alle Beteiligten auf dem gleichen Stand sind und informiert werden.

3. **Gemeinsame Nutzung von Dateien**: Tools wie Google Drive oder Dropbox erleichtern die gemeinsame Nutzung und Bearbeitung von Dokumenten und Dateien. Die zentrale

Dateispeicherung stellt sicher, dass jeder Zugriff auf die neuesten Versionen von Dokumenten hat.

4. **Automatisierung**: Verwenden Sie Automatisierungstools, um sich wiederholende Aufgaben zu erledigen und Ihrem Team mehr Zeit für strategische Aufgaben zu geben. Zapier kann zum Beispiel Workflows zwischen verschiedenen Apps und Diensten automatisieren.

Überwindung von Delegationsherausforderungen

Delegieren kann eine Herausforderung sein, vor allem wenn Sie gewohnt sind, alles selbst zu erledigen. Hier sind einige häufige Herausforderungen und wie man sie überwinden kann:

1. **Loslassen**: Vertrauen Sie darauf, dass andere die Aufgaben erledigen können, und widerstehen Sie dem Drang zum Mikromanagement. Beginnen Sie damit, kleinere Aufgaben zu delegieren und steigern Sie die Komplexität schrittweise, wenn Ihr Vertrauen wächst.

2. **Furcht vor Fehlern**: Verstehen Sie, dass Fehler ein Teil des Lernens sind. Nutzen Sie sie als Chance für Wachstum und Verbesserung. Geben Sie Ihrem Team Feedback und Unterstützung, damit es aus Fehlern lernen kann.

3. **Zeitaufwand**: Jemanden für die Übernahme einer Aufgabe zu schulen, kann anfangs

zeitaufwendig sein, spart Ihnen aber langfristig Zeit. Betrachten Sie es als eine Investition in zukünftige Effizienz.

Kontinuierliche Verbesserung

Delegieren ist ein fortlaufender Prozess. Überprüfen und bewerten Sie regelmäßig die Aufgaben, die Sie delegieren, und die Leistung Ihres Teams. Suchen Sie nach Möglichkeiten, Ihre Delegationsstrategie zu verbessern, Prozesse zu rationalisieren und die Kommunikation zu verbessern. Diese kontinuierliche Verbesserung wird mit der Zeit zu mehr Effizienz und Produktivität führen.

Wenn Sie das Delegieren und Auslagern beherrschen, können Sie sich auf die wichtigen Aktivitäten konzentrieren, die Ihr Unternehmen voranbringen, während Sie die Stärken und das Fachwissen anderer nutzen, um Routine- und Spezialaufgaben zu erledigen. Dies steigert die Produktivität und stärkt Ihr Team, indem es ein kooperatives und effizientes Arbeitsumfeld fördert.

Machen Sie einen Unterschied mit Ihrer Bewertung

"Zeit ist umsonst, aber sie ist unbezahlbar."

- Harvey Mackay

Menschen, die geben, ohne eine Gegenleistung zu erwarten, leben ein glücklicheres und erfüllteres Leben. Wenn wir also die Chance haben, während unserer gemeinsamen Zeit etwas zu bewirken, bin ich voll dabei.

Um das zu erreichen, habe ich eine Frage an Sie...

Würden Sie jemandem helfen, den Sie noch nie getroffen haben, auch wenn Sie dafür keine Anerkennung bekommen?

Wer ist diese Person, fragen Sie sich? Sie sind wie Sie. Oder zumindest so, wie Sie es einmal waren. Sie haben weniger Erfahrung, wollen etwas bewirken und brauchen Hilfe, wissen aber nicht, wo sie suchen sollen.

Unser Ziel ist es, Zeitmanagement für alle zugänglich zu machen. Alles, was ich tue, hat mit dieser Mission zu tun. Und der einzige Weg für mich, diese Mission zu erfüllen, besteht darin, ... nun ja ... jeden zu erreichen.

Hier kommen Sie ins Spiel. Die meisten Menschen beurteilen ein Buch tatsächlich nach seinem Einband (und seinen Rezensionen). Hier ist also meine Bitte im Namen eines kämpfenden Unternehmers, den Sie noch nie getroffen haben:

Bitte helfen Sie diesem zukünftigen Unternehmer, indem Sie dieses Buch rezensieren.

Ihr Geschenk kostet kein Geld und dauert weniger als 60 Sekunden, aber es kann das Leben eines anderen Unternehmers für immer verändern. Ihre Bewertung könnte helfen...

...ein weiterer Kleinunternehmer, der Arbeit und Leben in Einklang bringt.

...ein weiterer Unternehmer unterstützt seine Familie.

...ein weiterer Mitarbeiter kann seine Zeit besser verwalten.

...ein weiterer Kunde seine tägliche Routine verändern.

...ein weiterer Traum wird wahr.

Um dieses "gute Gefühl" zu bekommen und dieser Person wirklich zu helfen, müssen Sie nur... und das dauert weniger als 60 Sekunden... eine Bewertung abgeben.

Klicken Sie einfach unten oder scannen Sie den QR-Code, um Ihre Bewertung abzugeben:

Hinterlassen Sie hier Ihre Bewertung oder scannen Sie den Code:

Wenn Sie ein gutes Gefühl dabei haben, einem gesichtslosen zukünftigen Unternehmer zu helfen, sind Sie genau mein Typ. Willkommen im Club. Sie sind einer von uns.

Ich freue mich noch mehr darauf, Ihnen zu helfen, Ihre Ziele schneller und einfacher zu erreichen, als Sie es sich vorstellen können. Sie werden die Strategien lieben, die ich in den kommenden Kapiteln vorstellen werde.

Ich danke Ihnen von ganzem Herzen. Und nun zurück zu unserem regulären Programm.

Ihr größter Fan,

Alex

PS - Spaßfakt: Wenn Sie einer anderen Person etwas Wertvolles bieten, macht Sie das für diese Person noch wertvoller. Wenn Sie direktes Wohlwollen von einem anderen Unternehmer wünschen - und Sie glauben, dass dieses Buch ihm helfen wird - schicken Sie ihm dieses Buch.

Kapitel 6: Nutzung von Technologie und Tools

Die Rolle der Technologie für die Produktivität

Technologie ist in der heutigen schnelllebigen Geschäftswelt von entscheidender Bedeutung für die Steigerung von Produktivität und Effizienz. Von der Automatisierung von Routineaufgaben bis hin zur Erleichterung einer nahtlosen Kommunikation und Zusammenarbeit können die richtigen Tools Ihre Abläufe erheblich rationalisieren und Ihnen Zeit für strategischere Aktivitäten verschaffen.

Automatisieren von Routineaufgaben

Die Automatisierung ist eine der effektivsten Möglichkeiten zur Steigerung der Produktivität. Durch die Automatisierung sich wiederholender und zeitaufwändiger Aufgaben können Sie sich auf hochwertige Aktivitäten konzentrieren, die das Unternehmenswachstum fördern. Hier sind einige Bereiche, in denen die Automatisierung einen großen Unterschied machen kann:

1. **E-Mail-Verwaltung**: Verwenden Sie Tools wie Mailchimp oder Constant Contact zur Automatisierung von E-Mail-Kampagnen und Nachfassaktionen. Durch die Automatisierung

dieser Aufgaben können Sie wöchentlich Stunden einsparen und eine konsistente Kommunikation mit Ihrem Publikum sicherstellen.

2. **Verwaltung sozialer Medien**: Plattformen wie Hootsuite oder Buffer ermöglichen Ihnen die Planung und Verwaltung von Beiträgen in sozialen Medien über mehrere Kanäle hinweg. Die Automatisierung stellt sicher, dass Ihre Inhalte zu optimalen Zeiten gepostet werden, ohne dass Sie ständig manuell eingreifen müssen.

3. **Kundenbeziehungsmanagement (CRM)**: CRM-Systeme wie Salesforce oder HubSpot automatisieren Vertriebs- und Marketingprozesse, verfolgen Kundeninteraktionen und liefern wertvolle Erkenntnisse. Die Automatisierung kann den Kundenservice verbessern und Ihnen helfen, Leads effektiv zu identifizieren und zu pflegen.

4. **Buchhaltung und Rechnungsstellung**: QuickBooks oder FreshBooks automatisieren die Buchhaltung, Rechnungsstellung und Kostenerfassung. Diese Tools können den Zeitaufwand für die Finanzverwaltung reduzieren und Fehler minimieren.

Beispiel: Automatisierung in Aktion

Nehmen wir Mike, der ein kleines Online-Einzelhandelsgeschäft betreibt. Er automatisierte sein E-Mail-Marketing mit Mailchimp und erstellte eine Reihe von Willkommens-E-Mails und

Werbekampagnen. Diese Automatisierung erhöhte die Kundenbindung und führte zu einer Umsatzsteigerung von 25 %, während Mike weniger Zeit für die manuelle E-Mail-Verwaltung aufwenden musste.

Verbesserung von Kommunikation und Zusammenarbeit

Effiziente Kommunikation und Zusammenarbeit sind für jedes erfolgreiche Unternehmen unerlässlich. Die Technologie bietet zahlreiche Tools, die Ihnen helfen, mit Ihrem Team, Ihren Kunden und Interessengruppen in Verbindung zu bleiben. Hier sind einige beliebte Optionen:

1. **Projektverwaltung**: Asana, Trello und Monday.com sind hervorragende Werkzeuge für die Organisation von Aufgaben, die Festlegung von Fristen und die Verfolgung des Fortschritts. Diese Plattformen bieten einen klaren Überblick über Projektzeitpläne und Verantwortlichkeiten.

2. **Kommunikation**: Slack und Microsoft Teams bieten Echtzeit-Messaging, Dateifreigabe und Videokonferenzfunktionen. Diese Tools erleichtern die sofortige Kommunikation und reduzieren den Bedarf an langwierigen E-Mail-Threads.

3. **Videokonferenzen**: Zoom, Google Meet und Microsoft Teams ermöglichen virtuelle Meetings, Webinare und die Zusammenarbeit mit entfernten Teams. Qualitativ hochwertige Videokonferenz-Tools können die Kluft zwischen persönlichen und entfernten Interaktionen überbrücken.

4. **Gemeinsame Nutzung von Dokumenten**: Google Drive und Dropbox ermöglichen die einfache gemeinsame Nutzung, Bearbeitung und Zusammenarbeit von Dokumenten und Dateien. Die zentrale Speicherung von Dokumenten gewährleistet, dass alle Teammitglieder auf die neuesten Versionen zugreifen können.

Rückblick: Projektmanagement-Tools

Asana: Asana ist ideal für Teams jeder Größe und ermöglicht es Ihnen, detaillierte Projektpläne zu erstellen, Aufgaben zuzuweisen, Fristen festzulegen und den Fortschritt zu überwachen. Die visuelle Benutzeroberfläche, einschließlich Tafeln und Zeitleisten, erleichtert die Verfolgung des Projektstatus.

Trello: Trello ist bekannt für seine Einfachheit und Flexibilität und verwendet ein kartenbasiertes System zur Verwaltung von Aufgaben. Es ist besonders nützlich für kleinere Teams oder Projekte, die ein hohes Maß an Anpassungsfähigkeit erfordern.

Montag.de: Dieses Tool kombiniert Projektmanagement mit Funktionen zur Zusammenarbeit im Team. Seine anpassbaren Workflows und Integrationsfunktionen eignen sich für komplexe Projekte, an denen mehrere Abteilungen beteiligt sind.

Daten und Analytik

Eine datengestützte Entscheidungsfindung ist entscheidend für den geschäftlichen Erfolg. Technologie bietet leistungsstarke Analysewerkzeuge, die Ihnen helfen, Daten zu sammeln, zu analysieren und zu interpretieren, um fundierte Entscheidungen zu treffen.

Hier sind einige Schlüsselbereiche, in denen Daten und Analysen von Nutzen sein können:

1. **Website-Analyse**: Google Analytics bietet Einblicke in den Websiteverkehr, das Nutzerverhalten und die Konversionsraten. Das Verständnis dieser Metriken kann Ihnen helfen, Ihre Website für eine bessere Leistung zu optimieren.

2. **Analyse sozialer Medien**: Tools wie Sprout Social und Hootsuite Analytics verfolgen die Leistung und das Engagement in den sozialen Medien. Die Analyse von Social-Media-Daten kann dazu beitragen, Ihre Content-Strategie zu verfeinern und das Engagement der Zielgruppe zu verbessern.

3. **Vertriebsanalyse**: CRM-Systeme bieten detaillierte Vertriebsberichte, Pipeline-Verfolgung und Leistungsmetriken. Die Vertriebsanalyse kann Trends erkennen, zukünftige Verkäufe prognostizieren und Vertriebsstrategien verbessern.

4. **Finanzielle Analysen**: Die Buchhaltungssoftware bietet Einblicke in die finanzielle Leistung, den Cashflow und die Rentabilität. Regelmäßige Finanzanalysen können Ihnen helfen, bessere Budgetierungs- und Investitionsentscheidungen zu treffen.

Produktivitäts-Apps

Unzählige Produktivitäts-Apps helfen Ihnen, organisiert zu bleiben, Ihre Zeit zu verwalten und Ihre

Effizienz zu steigern. Hier sind einige beliebte Optionen:

1. **Notizen machen**: Mit Evernote und OneNote können Sie Notizen, Ideen und Aufgabenlisten erfassen und organisieren. Diese Apps können geräteübergreifend synchronisiert werden, sodass Sie überall auf Ihre Notizen zugreifen können.

2. **Zeitmanagement**: Mit RescueTime und Toggl können Sie verfolgen, wie Sie Ihre Zeit verbringen, und Bereiche mit Verbesserungspotenzial ermitteln. Diese Tools können detaillierte Berichte über Ihre täglichen Aktivitäten liefern und Ihnen helfen, Ihre Zeit effektiver zu verwalten.

3. **Fokus und Konzentration**: Apps wie Focus@Will und Forest helfen Ihnen, konzentriert zu bleiben und Ablenkungen zu vermeiden. Diese Tools verbessern Ihre Konzentration durch Techniken wie Hintergrundmusik oder Spiele.

4. **Aufgabenverwaltung**: Todoist und Wunderlist eignen sich hervorragend für die Verwaltung von Aufgaben und To-Do-Listen. Mit diesen Apps können Sie Prioritäten, Fristen und Erinnerungen festlegen, damit Sie auf dem richtigen Weg bleiben.

Cybersecurity

Da Sie immer mehr Technologien in Ihre Geschäftsabläufe integrieren, ist es wichtig, der Cybersicherheit Priorität einzuräumen. Der Schutz

Ihrer Daten und Systeme vor Cyber-Bedrohungen ist entscheidend für die Aufrechterhaltung des Vertrauens und die Gewährleistung der Geschäftskontinuität. Hier sind einige bewährte Verfahren:

1. **Verwenden Sie sichere Passwörter**: Erstellen Sie komplexe Passwörter und überwachen Sie sie mit einem Passwort-Manager. Starke Passwörter verringern das Risiko eines unbefugten Zugriffs.

2. **Aktivieren Sie die Zwei-Faktoren-Authentifizierung**: Die Zwei-Faktor-Authentifizierung bietet mehr Sicherheit für Ihre Konten. Diese Praxis hilft, Ihre Konten zu schützen, selbst wenn Ihr Passwort kompromittiert wird.

3. **Aktualisieren Sie regelmäßig Ihre Software**: Halten Sie Ihre Software und Systeme auf dem neuesten Stand, um sich vor Sicherheitslücken zu schützen. Regelmäßige Updates beheben Sicherheitslücken und verbessern die Systemleistung.

4. **Befähigen Sie Ihr Team:** Bieten Sie umfassende Schulungen zu bewährten Verfahren im Bereich der Cybersicherheit an und fördern Sie eine Kultur der Wachsamkeit. Wenn Ihr Team gut informiert ist, wird es zu Ihrer ersten und wichtigsten Verteidigungslinie gegen Cyber-Bedrohungen.

Einführung neuer Technologien

Die Technologielandschaft entwickelt sich ständig weiter, und wenn Sie mit den neuesten Tools und

Trends Schritt halten, können Sie Ihrem Unternehmen einen Wettbewerbsvorteil verschaffen. Hier sind einige Tipps für die Einführung neuer Technologien:

1. **Bleiben Sie auf dem Laufenden**: Verfolgen Sie die Branchennachrichten, nehmen Sie an Konferenzen teil und schließen Sie sich beruflichen Netzwerken an, um über neue Technologien auf dem Laufenden zu bleiben. Kontinuierliches Lernen hilft Ihnen, Veränderungen zu antizipieren und neue Chancen zu nutzen.

2. **Evaluieren Sie Ihren Bedarf**: Ermitteln Sie die Bereiche, in denen Technologie Ihr Unternehmen maßgeblich beeinflussen kann. Die Durchführung einer Bedarfsanalyse stellt sicher, dass Sie in Tools investieren, die Ihren Herausforderungen gerecht werden.

3. **Beginnen Sie klein**: Testen Sie neue Tools in kleinem Maßstab, bevor Sie sie unternehmensweit einführen. Durch die Erprobung neuer Technologien in kleinerem Maßstab können Sie deren Wirksamkeit beurteilen und die erforderlichen Anpassungen vornehmen.

4. **Lassen Sie sich von Experten beraten**: Lassen Sie sich von IT-Experten oder Technologieberatern beraten, um sicherzustellen, dass Sie fundierte Entscheidungen treffen. Expertenrat kann Ihnen helfen, die Komplexität der Technologieeinführung zu bewältigen.

Der Einsatz von Technologie und Tools ist für die Maximierung von Produktivität und Effizienz in Ihrem Unternehmen unerlässlich. Durch die Automatisierung von Routineaufgaben, die Verbesserung der Kommunikation und Zusammenarbeit, die Nutzung von Daten und Analysen sowie die Einführung neuester Technologien können Sie Ihre Abläufe rationalisieren und sich auf das konzentrieren, was wirklich wichtig ist - das Wachstum Ihres Unternehmens und das Erreichen Ihrer Ziele.

Kapitel 7: Work-Life-Balance erreichen

Die Bedeutung der Work-Life-Balance

In der Hektik des Unternehmertums kann es leicht passieren, dass man sich in die Arbeit stürzt und vergisst, wie wichtig ein ausgewogenes Verhältnis zwischen Arbeit und Privatleben ist. Ein gesundes Gleichgewicht zwischen Ihrem Berufs- und Privatleben ist jedoch entscheidend für langfristigen Erfolg und Wohlbefinden. Ein ausgewogenes Leben hilft Ihnen, motiviert zu bleiben, Stress abzubauen und Ihr Glück zu steigern.

Bei der Vereinbarkeit von Beruf und Privatleben geht es nicht darum, jeden Tag ein perfektes Gleichgewicht herzustellen, sondern darum, dass Sie immer wieder Anpassungen vornehmen, um sicherzustellen, dass weder Ihre Arbeit noch Ihr Privatleben zu kurz kommen. Dieses Gleichgewicht hilft Ihnen, Ihre geistige und körperliche Gesundheit zu erhalten, Ihre Beziehungen zu verbessern und letztendlich Ihre Produktivität zu steigern.

Die Anzeichen für ein Ungleichgewicht erkennen

Der erste Schritt auf dem Weg zu einer ausgewogenen Work-Life-Balance besteht darin, zu erkennen, wann die Dinge aus dem Gleichgewicht geraten sind. Häufige Anzeichen sind chronische Müdigkeit, verminderte Produktivität, erhöhter Stress, Vernachlässigung des Privatlebens und gesundheitliche Probleme wie Kopfschmerzen, Schlaflosigkeit oder häufige Krankheiten.

Nehmen wir zum Beispiel an, Sie arbeiten ständig bis spät in die Nacht, verpassen wichtige Familienfeiern oder fühlen sich ständig gestresst. In diesem Fall ist das ein klares Anzeichen dafür, dass Ihre Work-Life-Balance angepasst werden muss. Wenn Sie sich dieser Anzeichen bewusst sind, können Sie proaktiv etwas dagegen unternehmen, bevor sie zu einem Burnout führen.

Grenzen setzen

Eine der effektivsten Methoden, um ein ausgewogenes Verhältnis zwischen Arbeit und Privatleben zu erreichen, besteht darin, klare Grenzen zwischen Arbeit und Freizeit zu ziehen. Hier sind einige Tipps für die Festlegung und Einhaltung von Grenzen:

1. **Legen Sie Arbeitszeiten fest**: Legen Sie bestimmte Arbeitszeiten fest und halten Sie diese ein. Arbeiten Sie nur dann bis spät in die Nacht oder am Wochenende, wenn es unbedingt notwendig ist. Klare Arbeitszeiten helfen Ihnen

dabei, den Beginn und das Ende der Arbeit abzugrenzen, so dass es leichter ist, abzuschalten.

2. **Schaffen Sie einen eigenen Arbeitsbereich**: Richten Sie einen speziellen Bereich für die Arbeit ein, um eine physische Grenze zwischen Arbeit und Privatleben zu schaffen. Diese Trennung hilft Ihnen beim mentalen Übergang zwischen Arbeit und Privatleben.

3. **Kommunizieren Sie Ihre Erwartungen**: Informieren Sie Ihr Team, Ihre Kunden und Ihre Familie über Ihre Verfügbarkeit und respektieren Sie die Zeit der anderen. Eine klare Kommunikation beugt Missverständnissen vor und gibt den Ton für eine ausgewogene Work-Life-Dynamik an.

4. **Trennen Sie sich digital**: Schalten Sie Arbeitsbenachrichtigungen aus und vermeiden Sie es, E-Mails außerhalb der Arbeitszeit abzurufen. Die digitale Abschaltung ist wichtig, damit Ihr Geist zur Ruhe kommt und sich auf persönliche Aktivitäten konzentrieren kann.

Selbstfürsorge als Priorität

Sich um sich selbst zu kümmern ist wichtig, um ein gesundes Gleichgewicht zwischen Arbeit und Privatleben zu erhalten. Priorisieren Sie Aktivitäten zur Selbstfürsorge, die Ihnen helfen, neue Energie zu tanken und leistungsfähig zu bleiben. Hier sind einige

Selbstfürsorgepraktiken, die Sie in Ihre Routine einbauen können:

1. **Regelmäßig Sport treiben**: Körperliche Aktivität hilft, Stress abzubauen und das Energieniveau zu steigern. Regelmäßige Bewegung hält Körper und Geist gesund, ob beim morgendlichen Joggen, Yoga oder im Fitnessstudio.

2. **Essen Sie eine ausgewogene Ernährung**: Ernähren Sie Ihren Körper mit gesunden, nahrhaften Lebensmitteln. Eine ausgewogene Ernährung liefert die Energie und die Nährstoffe, um Produktivität und Wohlbefinden zu erhalten.

3. **Genügend Schlaf bekommen**: Streben Sie jede Nacht 7-8 Stunden Qualitätsschlaf an. Schlafhygiene ist entscheidend für die kognitiven Funktionen, die Stimmungsregulierung und die allgemeine Gesundheit.

4. **Üben Sie Achtsamkeit**: Üben Sie sich in Achtsamkeitspraktiken wie Meditation, Yoga oder tiefen Atemübungen. Achtsamkeit hilft, Stress abzubauen und verbessert die geistige Klarheit.

5. **Planen Sie Auszeiten ein**: Nehmen Sie sich Zeit für Hobbys, Entspannung und Aktivitäten, die Ihnen Freude bereiten. Auszeiten sind wichtig, um neue Energie zu tanken und eine positive Einstellung zu bewahren.

Effektives Zeitmanagement

Ein effektives Zeitmanagement ist entscheidend für die Vereinbarkeit von Beruf und Privatleben. Hier sind einige Strategien, die Ihnen helfen, Ihre Zeit effizienter zu verwalten:

1. **Planen Sie Ihren Tag**: Beginnen Sie jeden Tag mit einem klaren Plan, was Sie erreichen müssen. Verwenden Sie Hilfsmittel wie Aufgabenlisten, Kalender oder Planer. Die Planung hilft Ihnen, Prioritäten zu setzen und Ihr Arbeitspensum effektiv zu bewältigen.

2. **Priorisieren Sie Aufgaben**: Konzentrieren Sie sich auf Aufgaben mit hoher Priorität, die mit Ihren Zielen übereinstimmen, und delegieren oder streichen Sie Tätigkeiten mit geringem Wert. Durch das Setzen von Prioritäten stellen Sie sicher, dass Sie Ihre Zeit auf die wirklich wichtigen Dinge verwenden.

3. **Unterteilen Sie Aufgaben in kleine Stücke**: Unterteilen Sie größere Aufgaben in kleinere, überschaubare Stücke, damit Sie sich nicht überfordert fühlen. Wenn Sie kleinere Aufgaben nacheinander angehen, lassen sich große Projekte besser bewältigen.

4. **Verwenden Sie Time-Blocking**: Legen Sie bestimmte Zeitblöcke für verschiedene Aufgaben fest und halten Sie sich an diesen Zeitplan. Die Zeiteinteilung hilft Ihnen, den ganzen Tag über konzentriert und produktiv zu bleiben.

5. **Machen Sie Pausen**: Planen Sie über den Tag verteilt regelmäßige Pausen ein, um sich auszuruhen und neue Energie zu tanken. Kurze Pausen können einem Burnout vorbeugen und Ihnen neue Energie geben.

Umfassende Flexibilität

Struktur und Routine sind zwar wichtig, aber auch Flexibilität in Ihrem Zeitplan ist von entscheidender Bedeutung. Unerwartete Ereignisse und Herausforderungen sind unvermeidlich, und Anpassungsfähigkeit kann Ihnen helfen, das Gleichgewicht zu halten. Hier sind einige Tipps, um flexibel zu bleiben:

1. **Bleiben Sie offen für Veränderungen**: Passen Sie Ihre Pläne und Prioritäten nach Bedarf an. Flexibilität ermöglicht es Ihnen, auf unvorhergesehene Umstände zu reagieren, ohne sich überfordert zu fühlen.

2. **Vermeiden Sie Perfektionismus**: Akzeptieren Sie, dass die Dinge nicht immer wie geplant laufen werden, und das ist auch in Ordnung. Perfektionismus kann zu unnötigem Stress führen und Ihre Anpassungsfähigkeit beeinträchtigen.

3. **Lernen Sie, Nein zu sagen**: Lehnen Sie höflich Anfragen oder Gelegenheiten ab, die nicht mit Ihren Prioritäten oder Werten übereinstimmen. Nein zu sagen schützt Ihre Zeit und Energie für das, was wirklich wichtig ist.

4. **Suchen Sie Unterstützung**: Zögern Sie nicht, um Hilfe zu bitten oder Aufgaben zu delegieren, wenn es nötig ist. Die Unterstützung durch andere kann Ihnen die Last abnehmen und Ihnen helfen, das Gleichgewicht zu halten.

Vereinbarkeit von Familie und Beruf

Die Vereinbarkeit von Beruf und Familie kann für Unternehmer mit Familie eine besondere Herausforderung darstellen. Hier sind einige Tipps, wie Sie beide Aspekte Ihres Lebens in Einklang bringen können:

1. **Beziehen Sie Ihre Familie mit ein**: Sprechen Sie mit Ihrer Familie über Ihre Ziele und Herausforderungen und beziehen Sie sie in Ihren Weg mit ein. Eine offene Kommunikation hilft ihnen, Ihre Verpflichtungen zu verstehen und fördert das gegenseitige Verständnis.

2. **Quality Time: Nutzen Sie** die Zeit mit Ihrer Familie optimal, indem Sie ganz präsent und engagiert sind. Qualitätszeit stärkt die Beziehungen und sorgt für ein erfülltes Familienleben.

3. **Setzen Sie Prioritäten für die Familie**: Bestimmen Sie wichtige Familienereignisse und Aktivitäten und setzen Sie Prioritäten. Wenn Sie sicherstellen, dass Sie keine wichtigen Momente verpassen, fördert dies ein Gefühl der Ausgeglichenheit und Harmonie.

4. **Schaffen Sie Familienrituale**: Führen Sie regelmäßige Familientraditionen oder -rituale ein, um die Bindungen zu stärken und bleibende Erinnerungen zu schaffen. Rituale sorgen für Beständigkeit und Verbindung inmitten eines vollen Terminkalenders.

Erhaltung der psychischen Gesundheit

Ihre geistige Gesundheit ist genauso wichtig wie Ihre körperliche Gesundheit. Hier sind einige Möglichkeiten, wie Sie Ihr geistiges Wohlbefinden erhalten und fördern können:

1. **Suchen Sie professionelle Hilfe**: Wenn Sie mit Stress, Angstzuständen oder Depressionen zu kämpfen haben, sollten Sie sich an eine Fachkraft für psychische Gesundheit wenden. Professionelle Beratung kann Strategien und Unterstützung für den Umgang mit der psychischen Gesundheit bieten.

2. **Bleiben Sie in Verbindung**: Pflegen Sie enge soziale Beziehungen zu Freunden, Familie und Gleichaltrigen. Soziale Unterstützung ist entscheidend für das emotionale Wohlbefinden und die Widerstandsfähigkeit.

3. **Üben Sie sich in Dankbarkeit**: Denken Sie regelmäßig darüber nach, wofür Sie dankbar sind, um eine positive Einstellung zu fördern. Dankbarkeitsübungen können die Stimmung und die Perspektive verbessern.

4. **Bildschirmzeit begrenzen**: Reduzieren Sie die Zeit, die Sie mit Bildschirmen und sozialen Medien verbringen, um Stress und Ablenkungen zu minimieren. Eine Begrenzung der Bildschirmzeit kann die Konzentration und das Wohlbefinden verbessern.

Die Vereinbarkeit von Beruf und Privatleben ist ein kontinuierlicher Prozess, der bewusste Anstrengungen und Engagement erfordert. Als Unternehmer können Sie ein harmonisches und erfülltes Leben führen, indem Sie Grenzen setzen, der Selbstfürsorge Vorrang einräumen, Ihre Zeit effektiv verwalten, sich Flexibilität zugestehen und Ihre geistige Gesundheit erhalten. Die Aufrechterhaltung eines ausgewogenen Lebens verbessert Ihr Wohlbefinden und trägt zu Ihrem beruflichen Erfolg bei.

Kapitel 8: Überwindung der Prokrastination

Prokrastination verstehen

Prokrastination ist der stille Produktivitätskiller, von dem jeder irgendwann einmal betroffen ist. Es handelt sich um das Aufschieben von Aufgaben, die erledigt werden müssen, wobei man sich oft für angenehmere oder einfachere Tätigkeiten entscheidet. Zu verstehen, warum wir prokrastinieren, ist der erste Schritt zur Überwindung der Prokrastination.

Warum wir prokrastinieren

Prokrastination kann verschiedene Ursachen haben, zum Beispiel:

- **Angst vor dem Scheitern**: Die Befürchtung, nicht gut abzuschneiden, kann dazu führen, dass man die Aufgabe aufschiebt.

- **Perfektionismus**: Der Wunsch, alles perfekt zu machen, kann das Handeln lähmen.

- **Überwältigung**: Die Bewältigung einer großen oder komplexen Aufgabe kann entmutigend sein und zur Vermeidung von Problemen führen.

- **Mangel an Motivation**: Kein Gefühl der Inspiration oder des Interesses an der Aufgabe.

- **Schlechtes Zeitmanagement**: Wenn man nicht effektiv plant, kann das dazu führen, dass man Aufgaben aufschiebt.

Wenn Sie die zugrunde liegenden Ursachen verstehen, können Sie die Ursache Ihrer Prokrastination angehen und nicht nur die Symptome.

Techniken zur Überwindung der Prokrastination

1. **Zerlegen Sie Aufgaben in kleinere Schritte**: Eine große Aufgabe kann überwältigend sein, was die Prokrastination erleichtert. Teilen Sie die Aufgabe in kleinere, überschaubare Schritte auf. Jeder kleine Schritt sollte eine spezifische Aktion sein, die schnell erledigt werden kann. Anstelle von "Schreiben Sie einen Bericht" sollten Sie beispielsweise "Erstellen Sie eine Gliederung", "Schreiben Sie die Einleitung" und "Entwerfen Sie den ersten Abschnitt" angeben.

2. **Verwenden Sie die Zwei-Minuten-Regel**: Wenn eine Aufgabe weniger als zwei Minuten in Anspruch nimmt, erledigen Sie sie sofort. Diese einfache Regel hilft Ihnen, kleine Aufgaben sofort zu erledigen und gibt Ihnen Schwung für größere Aufgaben.

3. **Setzen Sie sich konkrete Ziele**: Setzen Sie sich klare, erreichbare Ziele für das, was Sie

erreichen müssen. Setzen Sie sich statt vager Ziele wie "Arbeit an dem Bericht" konkrete Ziele wie "Schreiben Sie die Einleitung zu dem Bericht". Diese Klarheit hilft dabei, gezielt zu handeln.

4. **Schaffen Sie einen eigenen Arbeitsbereich**: Ein eigener Arbeitsbereich ohne Ablenkungen kann die Produktivität erheblich steigern. Sorgen Sie dafür, dass Ihr Arbeitsplatz organisiert und komfortabel ist und alles enthält, was Sie für effizientes Arbeiten benötigen.

5. **Beseitigen Sie Ablenkungen**: Erkennen und beseitigen Sie mögliche Ablenkungen in Ihrer Umgebung. Schalten Sie die Benachrichtigungen Ihres Telefons aus, schließen Sie unnötige Browser-Tabs und schaffen Sie eine ruhige Umgebung, um sich auf Ihre Arbeit zu konzentrieren.

6. **Verwenden Sie Zeitmanagementtechniken**: Zeitmanagementtechniken wie die Pomodoro-Technik oder die Zeitblockierung können Ihnen helfen, Ihre Arbeit zu strukturieren und es einfacher machen, mit Aufgaben zu beginnen. Stellen Sie einen Timer für 25 Minuten ein, arbeiten Sie an einer Aufgabe und machen Sie dann eine kurze Pause. Wiederholen Sie diesen Zyklus, um konzentriert und produktiv zu bleiben.

7. **Belohnen Sie sich selbst**: Schaffen Sie Anreize für sich selbst, indem Sie ein Belohnungssystem einrichten. Wenn Sie eine Aufgabe oder eine Reihe von Aufgaben erledigt haben, belohnen Sie sich mit etwas, das Ihnen Spaß macht, z. B. mit einem kurzen Spaziergang, einer Leckerei oder einer Pause, in der Sie etwas Lustiges machen.

8. **Üben Sie Selbstmitgefühl**: Seien Sie freundlich zu sich selbst, wenn Sie sich beim Zögern ertappen. Erkennen Sie es an, ohne zu urteilen, und lenken Sie Ihre Aufmerksamkeit sanft auf die anstehende Aufgabe. Negative Selbstgespräche können das Aufschieben verschlimmern, daher ist es wichtig, eine positive Einstellung zu bewahren.

Beispiel: Aufschlüsselung einer Aufgabe

Nehmen wir Alex, eine Schriftstellerin, die an einem Roman arbeitet. Sie zögerte oft, weil ihr die Aufgabe zu groß und entmutigend erschien. Indem sie die Aufgabe in kleinere Schritte unterteilte, wie z. B. die Gliederung von Kapiteln, das Schreiben von Charakterbiografien und die Ausarbeitung einer Szene nach der anderen, machte sie stetige Fortschritte und fühlte sich weniger überfordert. Dieser Ansatz half ihr, ihren Roman innerhalb eines Jahres fertig zu stellen.

Motiviert bleiben

1. **Visualisieren Sie den Erfolg**: Stellen Sie sich die erfolgreiche Erledigung Ihrer Aufgaben und

die positiven Ergebnisse vor, die sich daraus ergeben. Diese mentale Vorstellung kann die Motivation steigern und Ihnen helfen, sich auf Ihre Ziele zu konzentrieren.

2. **Finden Sie Ihr Warum**: Die tieferen Gründe für Ihre Aufgaben zu verstehen, kann eine starke Motivation sein. Fragen Sie sich, warum jede Aufgabe wichtig ist und wie sie mit Ihren übergeordneten Zielen und Werten in Einklang steht.

3. **Verantwortungsvolle Partner**: Suchen Sie sich einen Partner, der Sie über Ihre Fortschritte auf dem Laufenden halten kann. Wenn Sie Ihre Ziele und Fristen mit einer anderen Person teilen, können Sie Ihr Engagement und Ihre Motivation steigern.

Langfristige Strategien

1. **Produktive Gewohnheiten entwickeln**: Die Entwicklung produktiver Gewohnheiten erfordert Zeit und Beständigkeit. Fangen Sie klein an, bauen Sie allmählich auf Ihren Erfolgen auf und integrieren Sie neue Gewohnheiten in Ihre tägliche Routine.

2. **Kontinuierliche Verbesserung**: Überprüfen und bewerten Sie regelmäßig Ihre Produktivitätsstrategien. Ermitteln Sie, was für Sie am besten funktioniert, und passen Sie sie bei Bedarf an. Die kontinuierliche Verbesserung stellt sicher, dass Sie auf dem richtigen Weg

bleiben und Ihren Ansatz immer weiter verfeinern.

Beispiel: Mit Verantwortlichkeit die Prokrastination überwinden

John, ein Unternehmer, fand es schwierig, seine geschäftlichen Ziele zu verfolgen. Er schloss sich mit einem anderen Unternehmer zusammen, und sie vereinbarten wöchentliche Treffen, um ihre Fortschritte und Herausforderungen zu besprechen. Dieses System der Verantwortlichkeit half John, konzentriert und motiviert zu bleiben, was innerhalb von sechs Monaten zu einem erheblichen Wachstum seines Unternehmens führte.

Die Überwindung der Prokrastination ist ein kontinuierlicher Prozess, der Selbsterkenntnis, strategische Planung und die richtigen Techniken erfordert. Indem Sie Aufgaben in kleinere Schritte unterteilen, Ablenkungen beseitigen, Zeitmanagementtechniken anwenden und motiviert bleiben, können Sie die Prokrastination überwinden und Ihre Produktivität steigern. Denken Sie daran, dass es darauf ankommt, klein anzufangen, eine Dynamik aufzubauen und Ihre Erfolge auf dem Weg zu feiern.

Kapitel 9: Fortgeschrittene Zeitmanagementtechniken

Das Pareto-Prinzip (80/20-Regel)

Das Pareto-Prinzip, auch bekannt als die 80/20-Regel, besagt, dass 80 % der Ergebnisse aus 20 % der Bemühungen resultieren. Dieses Prinzip kann für Unternehmer, die ihre Produktivität und Effizienz maximieren wollen, ein entscheidender Faktor sein.

Anwendung des Pareto-Prinzips

1. **Identifizieren Sie Aktivitäten mit hoher Auswirkung**: Ermitteln Sie, welche Aufgaben und Aktivitäten die besten Ergebnisse liefern. Konzentrieren Sie sich auf diese hochwirksamen Aufgaben und setzen Sie Prioritäten in Ihrem Zeitplan. Wenn Sie z. B. mit Kundenbesprechungen und strategischer Planung die meisten Einnahmen erzielen, sollten Sie diesen Aktivitäten mehr Zeit widmen.

2. **Beseitigen oder delegieren Sie Aufgaben mit geringer Auswirkung**: Ermitteln Sie Aufgaben, die viel Zeit in Anspruch nehmen, aber wenig Ergebnisse bringen. Delegieren oder

streichen Sie diese Aufgaben, um Zeit für wichtigere Tätigkeiten zu gewinnen. Aufgaben wie die routinemäßige Dateneingabe oder kleinere Verwaltungsarbeiten fallen oft in diese Kategorie.

3. **Konzentrieren Sie sich auf Schlüsselkunden und -projekte**: Wenn ein kleiner Prozentsatz Ihrer Kunden oder Projekte den Großteil Ihrer Einnahmen ausmacht, sollten Sie sich auf diese kritischen Bereiche konzentrieren, um Ihre Erträge zu maximieren. Der Aufbau solider Beziehungen zu Ihren profitabelsten Kunden kann Ihr Geschäft erheblich ankurbeln.

Beispiel: Maximierung der Wirkung mit dem Pareto-Prinzip

Maria, eine Beraterin, wandte das Pareto-Prinzip an, indem sie ihren Kundenstamm und ihre Dienstleistungen analysierte. Sie stellte fest, dass 20 % ihrer Kunden 80 % ihrer Einnahmen ausmachten. Indem sie sich auf diese hochwertigen Kunden konzentrierte und ihnen erstklassige Dienstleistungen anbot, konnte Maria ihr Einkommen steigern und ihre Arbeitsbelastung verringern.

Die Pomodoro-Technik

Die Pomodoro-Technik ist eine Zeitmanagement-Methode, bei der in kurzen, konzentrierten Intervallen mit regelmäßigen Pausen gearbeitet wird. Diese Technik hilft, ein hohes Produktivitätsniveau aufrechtzuerhalten und verhindert Burnout.

Wie man die Pomodoro-Technik anwendet

1. **Stellen Sie einen Timer für 25 Minuten ein**: Wählen Sie eine Aufgabe und stellen Sie einen Timer für 25 Minuten ein, den sogenannten Pomodoro.

2. **Intensives Arbeiten**: Konzentrieren Sie sich während der Pomodoro-Phase ausschließlich auf die Aufgabe. Vermeiden Sie alle Ablenkungen.

3. **Machen Sie eine kurze Pause**: Nachdem der Timer abgelaufen ist, machen Sie eine 5-minütige Pause, um sich auszuruhen und neue Energie zu tanken.

4. **Wiederholen Sie den Zyklus**: Nachdem Sie vier Pomodoros geschafft haben, machen Sie eine längere Pause von 15-30 Minuten.

Beispiel: Die Pomodoro-Technik

Tom, ein Softwareentwickler, hatte Probleme damit, sich den ganzen Tag über zu konzentrieren. Durch die Anwendung der Pomodoro-Technik konnte er seine Arbeit in überschaubare Intervalle einteilen, was seine Konzentration und Produktivität verbesserte. Regelmäßige Pausen halfen ihm, ein Burnout zu vermeiden und seine Energie aufrechtzuerhalten.

Zeitblockierung für tiefgehende Arbeit

Tiefgreifende Arbeit ist die konzentrierte, ununterbrochene Arbeit an Aufgaben, die erhebliche kognitive Anstrengungen erfordern. Zeitblockierung für

Deep Work bedeutet, dass bestimmte Zeitblöcke für diese hochintensiven Aufgaben reserviert werden.

Implementierung von Deep Work Zeitblöcken

1. **Planen Sie intensive Arbeitssitzungen**: Ermitteln Sie die Zeiten, zu denen Sie am wachsten sind, und planen Sie zu diesen Zeiten intensive Arbeitssitzungen ein. Für viele Menschen eignen sich die frühen Morgenstunden oder die späten Abende am besten.

2. **Beseitigen Sie Ablenkungen**: Um sich während intensiver Arbeitssitzungen konzentrieren zu können, sollten Sie eine Umgebung schaffen, die frei von Ablenkungen ist. Dazu kann es gehören, Benachrichtigungen auszuschalten, Kopfhörer mit Geräuschunterdrückung zu verwenden oder an einem ruhigen Ort zu arbeiten.

3. **Setzen Sie klare Ziele**: Definieren Sie spezifische Ziele für jede intensive Arbeitssitzung, um sicherzustellen, dass Sie Ihre Zeit optimal nutzen. Klare Ziele helfen Ihnen, konzentriert zu bleiben und Ihre Fortschritte zu messen.

Die Zwei-Minuten-Regel

Die Zwei-Minuten-Regel ist eine einfache, aber effektive Zeitmanagement-Technik. Wenn eine Aufgabe weniger als zwei Minuten in Anspruch nimmt, sollten Sie sie sofort erledigen. Diese Regel hilft Ihnen, kleine

Aufgaben schnell zu erledigen und verhindert, dass sie sich stapeln.

Stapelung ähnlicher Aufgaben

Beim Batching werden ähnliche Aufgaben gruppiert und in einem Arbeitsgang erledigt. Diese Technik minimiert den Kontextwechsel und erhöht die Effizienz.

Beispiele für die Aufgabenzuordnung

1. **E-Mail-Verwaltung**: Legen Sie bestimmte Zeiten am Tag fest, um E-Mails zu prüfen und zu beantworten, anstatt ständig Ihren Posteingang zu überwachen.

2. **Administrative Aufgaben**: Fassen Sie routinemäßige Verwaltungsaufgaben wie Ablage, Dateneingabe oder Spesenerfassung in einem einzigen Zeitblock zusammen.

3. **Kreative Arbeit**: Widmen Sie sich ununterbrochenen Zeitblöcken für kreative Aufgaben wie Schreiben, Entwerfen oder Brainstorming.

Die 1-3-5-Regel

Die 1-3-5-Regel ist eine Technik zur Prioritätensetzung, die Ihnen hilft, Ihre tägliche Aufgabenliste zu strukturieren. Nehmen Sie sich vor, jeden Tag etwas zu erledigen:

- **1 Große Aufgabe**: Eine Aufgabe mit hoher Priorität, die erhebliche Anstrengungen erfordert.

- **3 Mittlere Aufgaben**: Wichtige Aufgaben, die weniger zeitaufwendig sind.

- **5 Kleine Aufgaben**: Schnelle Aufgaben, die in ein paar Minuten erledigt werden können.

Einsatz von Technologie zur Verbesserung des Zeitmanagements

Die moderne Technologie bietet viele Hilfsmittel, die Ihnen helfen, Ihre Zeit effektiver zu verwalten. Hier sind einige beliebte Tools und wie man sie nutzt:

1. **Projektmanagement-Software**: Tools wie Trello, Asana und Monday.com helfen Ihnen, Aufgaben zu organisieren, Fristen zu setzen und den Fortschritt zu verfolgen. Diese Plattformen bieten einen klaren Überblick über Projektzeitpläne und Verantwortlichkeiten.

2. **Apps zur Zeiterfassung**: Apps wie Toggl und RescueTime überwachen, wie Sie Ihre Zeit verbringen, und bieten Einblicke in Ihre Produktivität. Diese Tools können Ihnen helfen, zeitraubende Aktivitäten zu erkennen und sich besser zu konzentrieren.

3. **Fokus-Apps**: Apps wie Forest und Focus@Will helfen Ihnen, sich zu konzentrieren, indem sie Ablenkungen minimieren und eine produktive Umgebung schaffen. Diese Apps nutzen Techniken wie Hintergrundmusik oder Gamification, um die Konzentration zu verbessern.

Kontinuierliche Verbesserung

Zeitmanagement ist ein ständiger Lern- und Anpassungsprozess. Überprüfen Sie Ihre Produktivitätsstrategien regelmäßig, ermitteln Sie, was für Sie am besten funktioniert, und nehmen Sie bei Bedarf Anpassungen vor. Kontinuierliche Verbesserungen sorgen dafür, dass Sie auf dem richtigen Weg bleiben und Ihren Ansatz immer weiter verfeinern.

Beispiel: Kontinuierliche Verbesserung des Zeitmanagements

Sarah, eine Marketingmanagerin, überprüft jeden Monat ihre Zeitmanagementstrategien. Sie analysiert, was gut funktioniert hat, und ermittelt verbesserungswürdige Bereiche. Durch die kontinuierliche Verfeinerung ihres Ansatzes konnte Sarah ihre Produktivität stetig steigern und arbeitsbedingten Stress reduzieren.

Fortgeschrittene Zeitmanagementtechniken, wie das Pareto-Prinzip, die Pomodoro-Technik und die Tiefenarbeit, können Ihre Produktivität und Effizienz erheblich steigern. Durch die Anwendung dieser Strategien können Sie sich auf wichtige Aufgaben konzentrieren, eine hohe Konzentration aufrechterhalten und Ihre Ziele effektiver erreichen. Machen Sie sich diese Techniken zu eigen und beobachten Sie, wie Ihre Produktivität in die Höhe schießt und Ihr Stresspegel sinkt.

Kapitel 10: Messen und Anpassen Ihres Ansatzes

Verfolgung der Fortschritte

Die Verfolgung Ihrer Fortschritte ist für die kontinuierliche Verbesserung Ihrer Zeitmanagementfähigkeiten von wesentlicher Bedeutung. Die Beobachtung Ihrer Zeitverwendung und die Bewertung Ihrer Produktivität helfen Ihnen, Verbesserungsmöglichkeiten zu erkennen, und stellen sicher, dass Sie Ihre Ziele nicht aus den Augen verlieren.

Tools für die Zeiterfassung

Verschiedene Tools und Apps können Ihnen helfen, Ihre Zeit zu erfassen und Ihre Produktivität zu analysieren. Hier sind einige beliebte Optionen:

- **Toggl**: Ein benutzerfreundliches Tool für die Zeiterfassung, mit dem Sie die für verschiedene Aufgaben und Projekte aufgewendeten Stunden erfassen können.

- **RescueTime**: Erfasst automatisch Ihre Zeit für verschiedene Anwendungen und Websites und liefert detaillierte Berichte über Ihre Produktivität.

- **Clockify**: Ein vielseitiger Zeiterfasser, der detaillierte Einblicke in Ihre Zeitverwendung bietet und hilft, Ineffizienzen zu erkennen.

- **Ernten**: Kombiniert Zeiterfassung mit Rechnungsstellung und Spesenmanagement, ideal für Freiberufler und kleine Unternehmen.

Erstellen eines Zeitprotokolls

Die Erstellung eines Zeitprotokolls kann ebenso effektiv sein, wenn Sie eine manuelle Vorgehensweise bevorzugen. So geht's:

1. **Notieren Sie Ihre Aktivitäten**: Notieren Sie im Laufe des Tages jede Aufgabe oder Tätigkeit, die Sie ausführen, und die Zeit, die Sie dafür aufwenden.

2. **Aufgaben kategorisieren**: Fassen Sie ähnliche Aufgaben zusammen, z. B. Besprechungen, Verwaltungsarbeit, konzentrierte Arbeit und Pausen.

3. **Analysieren Sie Muster**: Überprüfen Sie Ihr Zeitprotokoll am Ende des Tages oder der Woche, um Muster und Bereiche zu erkennen, in denen Sie die Effizienz verbessern können.

Bewertung der Produktivität

Sobald Sie ein klares Bild davon haben, wie Sie Ihre Zeit verbringen, ist eine Bewertung Ihrer Produktivität unerlässlich. Hier sind einige Fragen, die Sie sich stellen sollten:

- Verbringen Sie genug Zeit mit Aufgaben, die hohe Priorität haben?

- Gibt es Aufgaben oder Tätigkeiten, die zu viel Zeit in Anspruch nehmen, ohne nennenswerte Ergebnisse zu liefern?
- Sind Sie in der Lage, sich während intensiver Arbeitssitzungen zu konzentrieren und Ablenkungen zu minimieren?
- Reichen Ihre Pausen und Ausfallzeiten für Ruhe und Erholung aus?

Beispiel: Zeiterfassung

John, ein Grafikdesigner, nutzte Toggl, um seine täglichen Aktivitäten zu verfolgen. Er entdeckte, dass er viel Zeit mit Aufgaben von geringer Priorität wie dem Abrufen von E-Mails und der Teilnahme an unnötigen Meetings verbrachte. John steigerte seine Produktivität, indem er seine Zeit neu einteilte, um sich auf wichtige Designaufgaben zu konzentrieren und Projekte schneller abzuschließen.

Anpassen Ihres Ansatzes

Nehmen Sie die notwendigen Anpassungen vor, um Ihre Zeitmanagementstrategie auf der Grundlage Ihrer Zeiterfassung und Produktivitätsbewertung zu optimieren. Hier sind einige Schritte, die Sie berücksichtigen sollten:

1. **Neuverteilung der Zeit**: Wenn bestimmte Aufgaben zu viel Zeit in Anspruch nehmen, ohne dass sie sich lohnen, sollten Sie Ihre Zeit neu einteilen. Konzentrieren Sie sich mehr auf Aktivitäten mit hohem Nutzen und delegieren oder streichen Sie Aufgaben mit geringem Nutzen.

2. **Verfeinerung der Zeitblöcke**: Passen Sie Ihre Zeitblöcke auf der Grundlage Ihrer Erkenntnisse an. Wenn bestimmte Blöcke zu kurz oder zu lang sind, passen Sie deren Dauer an Ihre Bedürfnisse an. Achten Sie darauf, dass Sie Zeit für vertiefte Arbeit, Verwaltungsaufgaben und Pausen einplanen.

3. **Verbesserung der Konzentration**: Wenn Ablenkungen ein großes Problem darstellen, sollten Sie Strategien zur Verbesserung der Konzentration anwenden. Dazu könnte die Einrichtung eines ablenkungsfreien Arbeitsplatzes gehören, die Verwendung von Apps, die die Konzentration fördern, oder die Festlegung strengerer Grenzen gegenüber Kollegen und Familie.

4. **Verbesserung der Work-Life-Balance**: Wenn Sie Probleme mit der Work-Life-Balance haben, sollten Sie Ihren Zeitplan so anpassen, dass Sie mehr persönliche Zeit und Aktivitäten zur Selbstpflege einplanen. Stellen Sie sicher, dass Ihre Zeitblöcke sowohl berufliche als auch private Verpflichtungen berücksichtigen.

Regelmäßige Bewertungen

Machen Sie es sich zur Gewohnheit, Ihre Zeitmanagementstrategie regelmäßig zu überprüfen und anzupassen. Wöchentliche Überprüfungen können Ihnen helfen, auf Kurs zu bleiben und schrittweise Verbesserungen vorzunehmen. Hier ist ein einfacher Überprüfungsprozess:

1. **Reflektieren Sie Ihre Woche**: Beurteilen Sie, wie gut Sie Ihre Zeit genutzt und ob Sie Ihre Ziele erreicht haben.
2. **Ermitteln Sie Erfolge und Herausforderungen**: Notieren Sie, was gut funktioniert hat und was nicht.
3. **Setzen Sie sich Ziele für Verbesserungen**: Legen Sie konkrete Maßnahmen fest, mit denen Sie Herausforderungen angehen und Ihre Produktivität steigern können.
4. **Passen Sie Ihren Zeitplan an**: Nehmen Sie die notwendigen Änderungen an Ihren Zeitblöcken und Ihrem Tagesplan für die kommende Woche vor.

Beispiel: Regelmäßige Überprüfungen

Samantha, eine Projektmanagerin, nimmt sich jeden Freitagnachmittag 30 Minuten Zeit, um ihre Woche Revue passieren zu lassen. Sie wertet ihre Leistungen aus, ermittelt verbesserungswürdige Bereiche und passt ihren Zeitplan für die nächste Woche an. Diese Praxis hat Samantha geholfen, organisiert zu bleiben, Fristen einzuhalten und ihr Zeitmanagement kontinuierlich zu verbessern.

Umfassende Flexibilität

Eine strukturierte Strategie für das Zeitmanagement ist zwar wichtig, aber Flexibilität ist ebenso wichtig. Das Leben ist unberechenbar, und unerwartete Ereignisse können Ihren Zeitplan durcheinander bringen. Machen Sie sich Flexibilität zu eigen:

1. **Pufferzeit einplanen**: Planen Sie Pufferzeit in Ihren Zeitplan ein, um unerwartete Aufgaben oder Verzögerungen auffangen zu können. Diese Flexibilität sorgt dafür, dass Ihr Zeitplan realistisch und überschaubar bleibt.

2. **Anpassungsfähig sein**: Seien Sie bereit, Ihre Pläne und Prioritäten nach Bedarf anzupassen, ohne sich gestresst oder überfordert zu fühlen.

3. **Positiv bleiben**: Bewahren Sie sich eine positive Einstellung und betrachten Sie Herausforderungen als Chancen für Wachstum und Verbesserung.

Beispiel: Flexibilität im Zeitmanagement

Alex, ein Startup-Gründer, hat in seinen Tagesablauf Pufferzeiten eingebaut. Wenn ein wichtiges Kundenproblem unerwartet auftauchte, konnte er sich darum kümmern, ohne bei anderen Aufgaben ins Hintertreffen zu geraten. Diese Flexibilität sorgte nicht nur dafür, dass sein Geschäft reibungslos lief, sondern auch für weniger Stress.

Die Messung und Anpassung Ihres Zeitmanagementkonzepts ist für eine kontinuierliche Verbesserung unerlässlich. Indem Sie Ihre Fortschritte verfolgen, die Produktivität bewerten und die notwendigen Anpassungen vornehmen, können Sie Ihre Zeitmanagementstrategie optimieren und Ihre Ziele effektiver erreichen. Zeitmanagement ist ein fortlaufender Prozess, und regelmäßige Überprüfungen stellen sicher, dass Sie auf dem richtigen Weg bleiben und Ihren Ansatz immer weiter verfeinern.

Kapitel 11: Langfristige Zeitmanagement-Strategien

Aufbau produktiver Gewohnheiten

Produktive Gewohnheiten sind der Grundstein für ein langfristig erfolgreiches Zeitmanagement. Gewohnheiten sind Verhaltensweisen, die wir automatisch und ohne viel Nachdenken ausführen. Indem Sie produktive Gewohnheiten entwickeln, können Sie Ihre tägliche Routine straffen und sicherstellen, dass Sie Ihre Ziele konsequent verfolgen.

Schritte zum Aufbau produktiver Gewohnheiten

1. **Fangen Sie klein an**: Beginnen Sie mit kleinen, überschaubaren Veränderungen, die Sie leicht in Ihren Tagesablauf integrieren können. Kleine Gewohnheiten sind leichter zu etablieren und beizubehalten. Wenn Sie z. B. mehr lesen möchten, beginnen Sie mit 10 Minuten pro Tag, anstatt sich auf eine Stunde festzulegen.

2. **Seien Sie beständig**: Beständigkeit ist der Schlüssel zur Bildung von Gewohnheiten. Versuchen Sie, Ihre neue Gewohnheit jeden Tag zur gleichen Zeit und am gleichen Ort auszuführen. Mit der Zeit wird die Wiederholung

dazu beitragen, die Gewohnheit in Ihre Routine einzubauen.

3. **Verwenden Sie Auslöser**: Bestimmen Sie Auslöser, die Ihre neue Gewohnheit hervorrufen. Wenn Sie sich beispielsweise ein tägliches Training angewöhnen wollen, nutzen Sie Ihren morgendlichen Wecker, um Ihr Training zu beginnen.

4. **Verfolgen Sie Ihre Fortschritte**: Führen Sie ein Gewohnheitstagebuch, um Ihre Fortschritte zu verfolgen und motiviert zu bleiben. Wenn Sie Ihre Fortschritte sehen, können Sie Ihr Engagement verstärken. Apps wie Habitica oder Streaks können Ihnen dabei helfen, Ihre Reise zur Gewohnheitsbildung zu visualisieren.

5. **Belohnen Sie sich selbst**: Bieten Sie sofortige Belohnungen für die Erfüllung Ihrer Gewohnheit an. Belohnungen können so einfach sein wie eine kurze Pause, eine gesunde Leckerei oder ein Moment der Entspannung. Positive Verstärkung ermutigt Sie, an Ihren Gewohnheiten festzuhalten.

Beispiel: Aufbau einer Lesegewohnheit

Tom wollte mehr lesen, brauchte aber Hilfe, um Zeit zu finden. Er begann damit, jeden Abend vor dem Schlafengehen nur 10 Minuten zu lesen. Nach einem Monat erhöhte er diese Zeit auf 20 Minuten. Indem er konsequent blieb und seine Fortschritte verfolgte, machte Tom das Lesen zu einer täglichen Gewohnheit, wodurch er sein Wissen erheblich erweiterte und Stress abbaute.

Eine positive Denkweise beibehalten

Eine positive Einstellung ist entscheidend für die Aufrechterhaltung der Produktivität und die Bewältigung von Herausforderungen. Hier sind einige Strategien, um eine positive Einstellung zu kultivieren und zu erhalten:

1. **Üben Sie sich in Dankbarkeit**: Wenn Sie regelmäßig darüber nachdenken, wofür Sie dankbar sind, kann das Ihre Stimmung heben und Ihre allgemeine Einstellung verbessern. Vielleicht sollten Sie ein Dankbarkeitstagebuch führen, in dem Sie täglich drei Dinge aufschreiben, für die Sie dankbar sind.

2. **Fokus auf Wachstum**: Betrachten Sie Herausforderungen und Rückschläge als Chancen zum Lernen und Wachsen. Betrachten Sie Fehler als Teil des Lernprozesses und nutzen Sie sie, um Ihre Fähigkeiten und Strategien zu verbessern.

3. **Umgeben Sie sich mit Positivität**: Umgeben Sie sich mit positiven Einflüssen, einschließlich unterstützender Freunde, Familie und Mentoren. Beschäftigen Sie sich mit Aktivitäten, die Ihnen Freude und Erfüllung bringen, und schränken Sie den Kontakt mit negativen Einflüssen ein.

Beispiel: Aufrechterhaltung einer positiven Denkweise

Emma, eine Unternehmerin, musste in ihrem Unternehmen mehrere Rückschläge hinnehmen. Anstatt sich entmutigen zu lassen, konzentrierte sie sich darauf, was sie aus jedem Misserfolg lernen konnte. Indem sie eine wachstumsorientierte Denkweise beibehielt und sich in Dankbarkeit übte, blieb Emma motiviert und schaffte schließlich den Turnaround in ihrem Unternehmen.

Kontinuierliche Verbesserung

Bei der kontinuierlichen Verbesserung geht es darum, ständig nach Möglichkeiten zu suchen, Ihre Produktivität und Effizienz zu steigern. Diese Denkweise gewährleistet, dass Sie sich ständig weiterentwickeln und an neue Herausforderungen und Möglichkeiten anpassen.

1. **Überprüfen Sie regelmäßig Ihre Ziele**: Überprüfen Sie regelmäßig Ihre langfristigen Ziele, um sicherzustellen, dass sie weiterhin relevant sind und mit Ihren Werten und Bestrebungen übereinstimmen. Passen Sie Ihre Ziele bei Bedarf an die Veränderungen Ihrer Prioritäten und Umstände an.

2. **Holen Sie Feedback ein**: Holen Sie sich Feedback von Gleichaltrigen, Mentoren und Kollegen ein, um Erkenntnisse über Ihre Stärken und verbesserungswürdigen Bereiche zu gewinnen. Konstruktives Feedback kann

wertvolle Perspektiven bieten und Ihnen helfen, Ihre Strategien zu verfeinern.

3. **In Lernen investieren**: Verpflichten Sie sich zu lebenslangem Lernen, indem Sie regelmäßig in Ihre persönliche und berufliche Entwicklung investieren. Besuchen Sie Workshops, lesen Sie Bücher, belegen Sie Online-Kurse und bleiben Sie auf dem Laufenden über Branchentrends und bewährte Verfahren.

Beispiel: Kontinuierliche Verbesserung

David, ein Projektmanager, nahm sich jeden Monat Zeit, um seine Leistung zu überprüfen und Feedback von seinem Team einzuholen. Diese Praxis half ihm, Verbesserungsmöglichkeiten zu erkennen und neue Strategien umzusetzen, was zu erfolgreicheren Projektergebnissen und einem stärkeren Zusammenhalt des Teams führte.

Konzentration auf Aktivitäten mit hohem Wert

Setzen Sie Prioritäten bei hochwertigen Aktivitäten, die wesentlich zu Ihren Zielen und Ihrem Gesamterfolg beitragen. Wenn Sie sich auf die Aufgaben mit der größten Wirkung konzentrieren, können Sie mit weniger Aufwand bessere Ergebnisse erzielen.

1. **Ermitteln Sie Ihre produktivste Zeit**: Ermitteln Sie, wann Sie am produktivsten sind, und planen Sie hochwertige Aktivitäten in diesen Zeiten. Ganz gleich, ob Sie ein Morgenmensch

oder eine Nachteule sind - wenn Sie Ihre Aufgaben auf die Zeiten Ihrer höchsten Produktivität abstimmen, können Sie Ihre Effizienz steigern.

2. **Delegieren und auslagern**: Delegieren Sie Aufgaben von geringem Wert, die Ihre Zeit und Energie verbrauchen, oder lagern Sie sie aus. Konzentrieren Sie sich auf Tätigkeiten, bei denen Ihre einzigartigen Fähigkeiten und Kenntnisse zum Tragen kommen, und überlassen Sie die Erledigung von Routine- oder Spezialaufgaben anderen.

Beispiel: Fokussierung auf Aktivitäten mit hohem Wert

Lisa, eine Geschäftsführerin, erkannte, dass sie am frühen Morgen am produktivsten war. Sie setzte ihre wichtigsten strategischen Besprechungen und Planungssitzungen für diese Zeit an. Indem sie administrative Aufgaben an ihre Assistentin delegierte, konnte sich Lisa auf die wichtigen Aktivitäten konzentrieren, die das Wachstum ihres Unternehmens vorantrieben.

Arbeit und Leben in Einklang bringen

Die Aufrechterhaltung eines gesunden Gleichgewichts zwischen Beruf und Privatleben ist für die langfristige Produktivität und das Wohlbefinden von wesentlicher Bedeutung. Hier sind einige Strategien, um ein Gleichgewicht zu erreichen und zu erhalten:

1. **Grenzen setzen**: Legen Sie klare Grenzen zwischen Arbeit und Privatleben fest. Teilen Sie diese Grenzen Ihrem Team und Ihrer Familie mit und halten Sie sie ein, um sicherzustellen, dass Sie sowohl Zeit für die Arbeit als auch für private Aktivitäten haben.

2. **Setzen Sie Prioritäten bei der Selbstfürsorge**: Machen Sie die Selbstfürsorge zu einem nicht verhandelbaren Teil Ihrer Routine. Regelmäßige Bewegung, gesunde Ernährung, ausreichend Schlaf und Entspannung sind für die Erhaltung der körperlichen und geistigen Gesundheit unerlässlich.

3. **Planen Sie Ausfallzeiten ein**: Planen Sie bewusst Auszeiten für Entspannung und Freizeitaktivitäten ein. Regelmäßige Pausen und Urlaube können einem Burnout vorbeugen und sorgen dafür, dass Sie energiegeladen und motiviert bleiben.

Beispiel: Vereinbarkeit von Arbeit und Leben

Mark, ein Startup-Gründer, kämpfte mit der Vereinbarkeit von Beruf und Familie. Er legte strenge Arbeitszeiten fest und sorgte dafür, dass die Wochenenden für die Familie reserviert waren. Indem er der Selbstfürsorge Priorität einräumte und regelmäßige Auszeiten einplante, verbesserte Mark sein Wohlbefinden und wurde bei der Arbeit produktiver.

Umfassende Flexibilität

Struktur und Routine sind zwar wichtig, aber Flexibilität ist ebenso entscheidend für langfristigen Erfolg. Das Leben ist unberechenbar, und Anpassungsfähigkeit kann Ihnen helfen, unerwartete Herausforderungen und Chancen zu meistern.

1. **Planen Sie Pufferzeit ein**: Planen Sie Pufferzeit in Ihren Zeitplan ein, um unerwartete Aufgaben oder Verzögerungen auffangen zu können. Diese Flexibilität sorgt dafür, dass Ihr Zeitplan realistisch und überschaubar bleibt.

2. **Anpassung an Veränderungen**: Seien Sie bereit, Ihre Pläne und Prioritäten bei Bedarf anzupassen. Betrachten Sie den Wandel als Chance für Wachstum und Verbesserung und nicht als Störung.

Beispiel: Umfassende Flexibilität

Anna, eine freiberufliche Schriftstellerin, hat in ihrem Tagesplan Pufferzeiten vorgesehen. Wenn eine Kundenanfrage in letzter Minute eintraf, konnte sie sich darum kümmern, ohne bei anderen Aufgaben in Rückstand zu geraten. Diese Flexibilität sorgte nicht nur dafür, dass ihr Geschäft reibungslos lief, sondern reduzierte auch den Stress.

Langfristige Zeitmanagement-Strategien konzentrieren sich auf den Aufbau produktiver Gewohnheiten, die Beibehaltung einer positiven Einstellung und die kontinuierliche Suche nach Verbesserungen. Sie können dauerhafte Produktivität und Erfolg erreichen, indem Sie hochwertigen Aktivitäten Priorität einräumen, Arbeit und Leben in Einklang bringen und sich Flexibilität zugestehen. Denken Sie daran, dass Zeitmanagement eine ständige Aufgabe ist, und Ihr Engagement für diese Grundsätze wird dafür sorgen, dass Sie weiter wachsen und gedeihen.

Schlussfolgerung

Die Beherrschung des Zeitmanagements ist eine wesentliche Voraussetzung für unternehmerischen Erfolg und allgemeines Wohlbefinden. Es geht nicht darum, eine perfekte Produktivitätsmaschine zu werden, sondern ein Gleichgewicht zu finden, das es Ihnen ermöglicht, Ihre Ziele zu erreichen und gleichzeitig Ihr Leben zu genießen. Es geht darum, bewusst mit seiner Zeit umzugehen, bewusste Entscheidungen zu treffen und seinen Ansatz ständig zu verfeinern.

Die Reise des Zeitmanagements

Zeitmanagement ist eine ständige Aufgabe. Es wird Tage geben, an denen alles wie am Schnürchen läuft, und andere, an denen nichts zu klappen scheint. Das Wichtigste ist, dass Sie engagiert bleiben, weiter lernen und auf dem Weg dorthin freundlich zu sich selbst sind. Feiern Sie Ihre Erfolge, lernen Sie aus Ihren Herausforderungen, und gehen Sie weiter.

Praktische Schritte zur Umsetzung des Gelernten

Nachdem Sie sich nun mit einer Fülle von Zeitmanagementstrategien und -techniken ausgestattet haben, ist es an der Zeit, diese in die Praxis umzusetzen. Hier sind einige praktische Schritte, mit denen Sie das Gelernte umsetzen können:

1. **Fangen Sie klein an**: Wählen Sie eine oder zwei Strategien, auf die Sie sich zunächst konzentrieren. Bauen Sie nach und nach weitere Techniken ein, wenn Sie sich damit vertraut gemacht haben. Beginnen Sie zum Beispiel mit der Zeitblockierung und fügen Sie nach und nach die Pomodoro-Technik hinzu.

2. **Erstellen Sie einen Tagesplan**: Beginnen Sie jeden Tag mit einem klaren Plan für Ihre Ziele. Nutzen Sie die Zeitblockierung, um für jede Aufgabe Zeit einzuplanen. Dieser Plan sollte mit Ihren langfristigen Zielen übereinstimmen und den Aktivitäten mit hoher Wirkung Priorität einräumen.

3. **Setzen Sie sich klare Ziele**: Definieren Sie Ihre kurz- und langfristigen Ziele. Setzen Sie Prioritäten, um sich auf Aktivitäten mit hoher Wirkung zu konzentrieren. Stellen Sie sicher, dass Ihre Ziele SMART sind (Spezifisch, Messbar, Erreichbar, Relevant, Zeitgebunden).

4. **Verfolgen Sie Ihren Fortschritt**: Verwenden Sie Tools zur Zeiterfassung oder ein Zeitprotokoll, um Ihre Zeitnutzung zu überwachen und Bereiche mit Verbesserungsbedarf zu ermitteln. Überprüfen Sie Ihre Fortschritte regelmäßig, um sicherzustellen, dass Sie auf dem richtigen Weg sind und die notwendigen Anpassungen vornehmen.

5. **Überprüfen und anpassen**: Überprüfen Sie regelmäßig Ihre Zeitmanagementstrategie, bewerten Sie Ihre Produktivität und nehmen Sie

die notwendigen Anpassungen vor. Kontinuierliche Verbesserung ist der Schlüssel zur Anpassung an neue Herausforderungen und zur Verfeinerung Ihres Ansatzes.

6. **Suchen Sie Unterstützung**: Suchen Sie sich einen Partner, einen Mentor oder eine Selbsthilfegruppe, die Sie motiviert und auf Kurs hält. Wenn Sie Ihre Ziele und Fortschritte mit jemandem teilen, kann dies Ihr Engagement erhöhen und Ihnen wertvolles Feedback geben.

7. **Bleiben Sie flexibel**: Seien Sie bereit, Ihre Pläne und Prioritäten bei Bedarf anzupassen. Betrachten Sie Veränderungen als Chance für Wachstum. Flexibilität sorgt dafür, dass Sie sich an unerwartete Ereignisse anpassen können, ohne sich überfordert zu fühlen.

Der Marathon des Zeitmanagements

Denken Sie daran: Der Weg zu einem besseren Zeitmanagement ist ein Marathon, kein Sprint. Er erfordert Geduld, Ausdauer und die Bereitschaft zu lernen und zu wachsen. Jeder Schritt, den Sie tun, bringt Sie der Beherrschung der Kunst des Zeitmanagements näher.

Wenn Sie diese Strategien in Ihren Tagesablauf integrieren, werden Sie Ihre unternehmerischen Ziele erreichen und mehr Zufriedenheit in Ihrem Privatleben finden. Durch ein effektives Zeitmanagement können Sie sich auf das konzentrieren, was wirklich wichtig ist, Stress abbauen und Ihre Lebensqualität insgesamt verbessern.

Abschließende Überlegungen

Denken Sie auf Ihrem weiteren Weg daran, dass Zeitmanagement ein Instrument ist, das Ihnen hilft, ein erfüllteres und ausgeglicheneres Leben zu führen. Es geht darum, das Beste aus Ihrer Zeit zu machen, damit Sie Ihre Träume verwirklichen und dabei die Reise genießen können.

Vielen Dank, dass Sie sich auf diese Reise zu einem besseren Zeitmanagement begeben haben. Möge Ihr Weg von Produktivität, Ausgeglichenheit und Erfolg geprägt sein. Bleiben Sie engagiert, lernen Sie weiter, und genießen Sie den Prozess.

Dankeschön

Dieses Buch ist nur der Anfang Ihrer Reise zur Beherrschung des Zeitmanagements. Bleiben Sie auf Entdeckungsreise, lernen Sie weiter und, was am wichtigsten ist, wachsen Sie weiter. Ihre Zeit ist wertvoll, und die Art und Weise, wie Sie sie verbringen, kann den entscheidenden Unterschied für Ihren Erfolg und Ihr Glück ausmachen. Auf eine Zukunft, in der Sie Ihre Zeit kontrollieren und Ihr bestes Leben leben.

Vielen Dank, dass Sie mich auf dieser Reise zur Beherrschung des Zeitmanagements begleiten. Ich hoffe, dieses Buch hat Ihnen den Einblick und die Zuversicht gegeben, die Sie brauchen, um die Kontrolle über Ihre Zeit zu übernehmen und Ihre Ziele zu erreichen.

Es hat mir Spaß gemacht, "Time Hacking für Unternehmer" zu schreiben, und ich hoffe, Sie haben es gerne gelesen. Wenn das der Fall ist, gehen Sie online und hinterlassen Sie eine Rezension. Ihr Feedback ist für mich von unschätzbarem Wert, und ich freue mich darauf, es zu lesen.

Ich wünsche Ihnen alles Gute für Ihre unternehmerischen Bestrebungen und darüber hinaus.

Alex

[Hinterlassen Sie hier Ihre Bewertung](#) oder scannen Sie den Code:

Anhang: Ressourcen und Referenzen

Referenzen

Cal Newport, **"Deep Work: Regeln für konzentrierten Erfolg in einer abgelenkten Welt"**.

James Clear, **"Atomic Habits: Ein einfacher und bewährter Weg, gute Gewohnheiten aufzubauen und schlechte zu brechen"**.

Gary Keller und Jay Papasan, **"The One Thing: The Surprisingly Simple Truth Behind Extraordinary Results"**.

Greg McKeown, **"Essentialismus: The Disciplined Pursuit of Less"**.

David Allen, **"Getting Things Done: Die Kunst der stressfreien Produktivität"**.

Tools und Anwendungen

Zeiterfassung: Toggl, RescueTime, Clockify, Harvest

Projektverwaltung: Trello, Asana, Monday.com

Fokus und Konzentration: Wald, Fokus@Wille

Notizen machen: Evernote, OneNote

Vorlagen und Arbeitsblätter
Tagesplaner

Datum: _____

Wichtigste Prioritäten

1._____

2._____

3._____

Morgenroutine

Zeit: _____ - _____

Aktivitäten: _____

Zeitblöcke:

                        Anmerkungen zur
Aufgabe/Tätigkeit

|_:_ UHR -_:_ UHR |_____

|_:_ UHR -_:_ UHR |_____

|_:_ UHR -_:_ UHR |_____

|_:_ PM -_:_ PM |_____

|_:_ PM -_:_ PM |_____

|_:_ PM -_:_ PM |_____

|_:_ PM -_:_ PM |_____

|_:_ PM -_:_ PM |_____

To-Do-Liste

- [ ] _____
- [ ] _____
- [ ] _____
- [ ] _____
- [ ] _____

Abendroutine

- Zeit: _____ - _____
- Aktivitäten: _____

Anmerkungen

_____

_____

_____

Reflexionen

1. Was ist heute gut gelaufen?

- _____

- _____

2. Was könnte verbessert werden?

- _____

- _____

Arbeitsblatt "Wöchentliche Überprüfung

Woche von: _____ bis _____

Rückblick auf die vergangene Woche

1. Was waren Ihre größten Erfolge in dieser Woche?

- _____

- _____

- _____

2. Mit welchen Herausforderungen waren Sie konfrontiert?

- _____

- _____

- _____

3. Wie haben Sie diese Herausforderungen gemeistert?

- _____

- _____

- _____

4. Welche Aufgaben haben Sie nicht erledigt? Warum?

- _____

- _____

- _____

Überprüfung des Zeitmanagements

1. Konnten Sie Ihre geplanten Zeitblöcke einhalten?

    - Ja / Nein

Kommentare: _____

2. Welche Zeitblöcke waren am produktivsten?

- _____

- _____

3. Welche Zeitblöcke waren die am wenigsten produktiven?

- _____

- _____

Ziele für die kommende Woche

Top-3-Ziele für die Woche

1. _____

2. _____

3. _____

Schlüsselaufgaben zur Erreichung dieser Ziele

Ziel 1:	Ziel 2:	Ziel 3:
_____	_____	_____
Aufgabe 1:	Aufgabe 2:	Aufgabe 3:
_____	_____	_____

Verbesserungsvorschlag

1. Welche Strategien werden Sie in der nächsten Woche anwenden, um Ihre Produktivität zu steigern?

- _____

- _____

2. Wie werden Sie die Herausforderungen angehen, mit denen Sie diese Woche konfrontiert waren?

- _____

- _____

3. Welche neuen Gewohnheiten werden Sie versuchen, zu übernehmen?

- _____

- _____

Persönliche Reflexion

1. Wofür sind Sie diese Woche dankbar?

- _____

- _____

2. Was haben Sie diese Woche gelernt?

- _____

- _____

3. Was werden Sie nächste Woche tun, um für Ihr Wohlbefinden zu sorgen?

- _____

- _____

Anmerkungen

Vorlage zur Zielsetzung

Name: _____

Datum: _____

Kurzfristige Ziele (innerhalb von 3-6 Monaten)

Zielvorgabe 1

- Beschreibung: _____
- Abgabetermin: _____
- Warum ist das wichtig? _____

Schritte zur Erreichung der Ziele:

1. _____
2. _____
3. _____
4. _____

Fortschrittsverfolgung:

- Datum des Beginns: _____

Meilensteine:

- Meilenstein 1: _____ (Fällig: _____)
- Meilenstein 2: _____ (Fällig: _____)
- Meilenstein 3: _____ (Fällig: _____)
- Datum der Fertigstellung: _____

Ziel 2

- Beschreibung: _____

- Abgabetermin: _____

- Warum ist das wichtig? _____

Schritte zur Erreichung der Ziele:

1. _____

2. _____

3. _____

4. _____

Fortschrittsverfolgung:

- Datum des Beginns: _____

Meilensteine:

- Meilenstein 1: _____ (Fällig: _____)

- Meilenstein 2: _____ (Fällig: _____)

- Meilenstein 3: _____ (Fällig: _____)

- Datum der Fertigstellung: _____

Langfristige Ziele (1 Jahr oder länger)

Zielvorgabe 1

- Beschreibung: _____
- Abgabetermin: _____
- Warum ist das wichtig? _____

Schritte zur Erreichung der Ziele:

1. _____
2. _____
3. _____
4. _____

Fortschrittsverfolgung:

- Datum des Beginns: _____

Meilensteine:

- Meilenstein 1: _____ (Fällig: _____)
- Meilenstein 2: _____ (Fällig: _____)
- Meilenstein 3: _____ (Fällig: _____)
- Datum der Fertigstellung: _____

Ziel 2

- Beschreibung: _____

- Abgabetermin: _____

- Warum ist das wichtig? _____

Schritte zur Erreichung der Ziele:

1. _____

2. _____

3. _____

4. _____

Fortschrittsverfolgung:

- Datum des Beginns: _____

Meilensteine:

- Meilenstein 1: _____ (Fällig: _____)

- Meilenstein 2: _____ (Fällig: _____)

- Meilenstein 3: _____ (Fällig: _____)

- Datum der Fertigstellung: _____

Überprüfung und Reflexion

1. Welche Fortschritte haben Sie diesen Monat bei der Verwirklichung Ihrer Ziele gemacht?

- _____

- _____

2. Welchen Herausforderungen sind Sie begegnet? Wie haben Sie sie gemeistert?

- _____

- _____

3. Welche Schritte werden Sie im nächsten Monat unternehmen, um Ihren Zielen näher zu kommen?

- _____

- _____

4. Wie stimmen diese Ziele mit Ihrer langfristigen Vision und Ihren Werten überein?

- _____

- _____

Anmerkungen

_____

_____

_____

_____

Über den Autor

Alex Bradley ist eine erfahrene Unternehmerin und Finanzstrategin, die sich in der unberechenbaren Welt der Nebenerwerbstätigkeiten und variablen Einkommen auskennt. Sie ist eine engagierte Immobilieninvestorin und Verfechterin der finanziellen Bildung und Stärkung der Selbstbestimmung. Wenn sie nicht arbeitet, verbringt sie gerne Zeit mit ihrer Familie, gärtnert und reist.

www.ingramcontent.com/pod-product-compliance
Lightning Source LLC
Chambersburg PA
CBHW031436210526
45464CB00005B/2221